MODERN LANGUAGES
Dept. of English & Language Studies
Canterbury Christ Church University
Canterbury
Kent
CT1 1QU
Tel: 01227 782585

André Breton

Les Vases communicants

Gallimard

André Breton (1896-1966) n'a cessé de mener, dans son interrogation de l'écriture et de la vie intérieure, comme dans sa participation difficile à une activité politique à laquelle il se sentait tenu, une aventure intellectuelle où se rencontrent Freud, Hegel, Engels, et une quête sensible, éclairée par Rimbaud, Lautréamont, Picasso, De Chirico et Duchamp, l'une et l'autre tendues par la volonté de « changer la vie ». Aventure et quête collectives, qui exigent une communauté organique, soudée par l'esprit comme par les affinités électives. L'aspiration résolue à faire advenir le possible aux dépens du probable, qui définit le surréalisme de Breton, passe par les chemins de la poésie, de la liberté et de l'amour. Elle a trouvé une langue qui lui assure une place parmi les premiers écrivains de son époque. Maintenue sans désemparer pendant plus d'un demi-siècle, cette volonté conduit Gracq à reconnaître en lui « un des *héros* de notre temps ».

I

« ... *Et retroussant légèrement sa robe de la main gauche, Gradiva Rediviva Zoé Bertgang, enveloppée des regards rêveurs de Hanold, de sa démarche souple et tranquille, en plein soleil sur les dalles, passa de l'autre côté de la rue.* »

Wilhelm Jensen : *Gradiva.*

Le marquis d'Hervey-Saint-Denys, traducteur de poésies chinoises de l'époque des Thang et auteur d'un ouvrage anonyme paru en 1867 sous le titre : *Les Rêves et les Moyens de les diriger. — Observations pratiques,* ouvrage devenu assez rare pour que ni Freud ni Havelock Ellis — qui le spécifient tous deux — n'ait réussi à en prendre connaissance, semble avoir été le premier homme à penser qu'il n'était pas impossible, sans pour cela recourir à la magie dont les moyens n'arrivaient plus de son temps à se traduire que par quelques recettes impraticables, de vaincre à son profit les résistances de la plus aimable des femmes et d'obtenir rapidement qu'elle lui accordât ses dernières faveurs. Cet idéaliste, dont la vie à travers tout ce qu'il conte nous paraît assez inutile, s'était fait sans doute par compensation une image plus vive de ce qui pouvait l'attendre les yeux fermés que la plupart des esprits scientifiques qui se sont livrés à des observations sur le même thème. Beaucoup plus heureux que le héros de l'*A Rebours* de Huysmans, Hervey, trop privilégié, je suppose, du point de vue social, pour tenter d'ailleurs véritablement de rien fuir, parvient, sans détraquement appréciable, à se procurer, hors du monde réel, une suite de satisfactions sans mélange qui sur le plan sensoriel ne le cèdent en rien aux enivrements de des Esseintes et n'entraînent, par contre, ni lassitude ni remords. C'est ainsi que la succion d'une simple racine d'iris qu'il a pris soin d'associer durant la veille à un certain nombre de représentations agréables tirant leur origine de la fable de Pygmalion lui vaut dans son sommeil, cette racine une fois glissée entre ses lèvres par une main complice, une aventure tentante. Sans m'émerveiller à proprement parler de ce résultat, je l'inscrirais volontiers en bonne place parmi les conquêtes poétiques du dernier siècle, non loin de celles qui illustrèrent, sous la responsabilité de Rimbaud, l'application du principe de la nécessité pour le poète de provoquer le parfait, le raisonné « dérèglement » de ses propres sens. L'apport de l'auteur de l'ouvrage qui nous occupe serait cependant tout au plus susceptible de fournir un complément à la méthode susdite d'expression et par suite de connaissance si je ne me laissais aller à y voir une possibilité de conciliation extrême entre les deux termes qui tendent à opposer, au bénéfice d'une philosophie confusionnelle, le monde de la réalité à celui du rêve, je veux dire à isoler ces deux mondes l'un de l'autre et à faire une question purement subjective de la subordination de l'un à l'autre, l'affectivité restant juge; s'il ne me paraissait possible d'opérer par cet intermédiaire la conversion de plus en plus nécessaire (si l'on tient compte du malentendu s'aggravant à travers les œuvres lyriques de notre époque) de l'imaginé au vécu ou plus exactement au devoir-vivre; si je ne m'avisais qu'il y a là une porte entrouverte, au-delà de laquelle il n'y a plus qu'un pas à faire pour, au sortir de la maison vacillante des poètes, se retrouver de plain-pied dans la vie.

Il serait assurément du plus grand prix de savoir *a priori* par quel procédé discipliner les forces constitutives du rêve, de manière que l'élément affectif qui préside à sa formation ne se trouve pas détourné de l'objet auquel s'est attaché un charme particulier durant la veille. Qui s'est jamais trouvé dans le cas d'aimer n'a pu se défendre de déplorer la conspiration de silence et de nuit qui se fait en rêve autour de l'être cher, cependant que l'esprit du dormeur trouve à s'occuper tout entier à des travaux insignifiants. Comment retenir de la vie éveillée ce qui mérite d'en être retenu, ne serait-ce que pour ne pas démériter de ce qu'il y a de meilleur dans cette vie même? Bien avant qu'eût cours la théorie de moins en moins controversée selon laquelle le rêve serait toujours la réalisation d'un désir, il est remarquable qu'un homme se soit trouvé pour tenter de réaliser pratiquement ses désirs dans le rêve.

C'est en obtenant d'un chef d'orchestre alors à

la mode qu'il dirigeât exclusivement, d'une manière systématique, l'exécution de deux valses déterminées, chaque fois qu'il devait danser avec deux dames qui lui tenaient à cœur, chacune de ces valses étant en quelque sorte dédiée et rigoureusement réservée à l'une d'entre elles, puis en ménageant avant de s'endormir pour une heure matinale la reproduction en sourdine d'un de ces mêmes airs, au moyen d'un ingénieux appareil composé d'une boîte à musique et d'un réveille-matin, qu'Hervey réussit à faire apparaître dans ses songes l'une ou l'autre des deux dames et à lui confier le principal rôle dans la pièce qu'à ce moment ses moindres héros intérieurs lui jouaient.

On peut regretter qu'une expérience à première vue de caractère aussi décisif n'ait pas été entreprise dans des conditions qui permettent d'éliminer toute chance d'illusion ou d'erreur. La rigueur n'étant malheureusement pas une des qualités dominantes de l'auteur, esprit élégant mais fort vain, une objection capitale se présente aussitôt : ni l'une ni l'autre — elles étaient deux ! — des danseuses du marquis ne s'étant, dans la vie réelle, révélée capable de s'imposer à son choix, il n'y allait peut-être encore pour lui, en rêve, que d'un jeu. La passion, en tout ce qu'elle comporte à la fois d'éblouissant et d'atterrant, n'était forcément pas intéressée Le choc émotif, pour s'être voulu, ou toléré, à double écho, avait été de ceux dont on se relève, dont on s'accommode, cela s'imagine trop, que diable ! Rien de concluant de ce côté. D'autre part, la volonté consciente d'influencer dans un certain sens le cours du rêve rendait possible cette influence sans le secours de la boîte à musique ou, tout au moins, sans celui d'un air de bal plutôt que d'un autre. En dernière analyse, et surtout considérant que l'un des deux airs se montra seul propice à l'évocation d'une des figures féminines dessinées d'avance, prenant acte d'autre part de ce qu'il appartenait à l'observateur, avant de s'endormir, de faire choix de tel des deux airs qui lui convenait, on peut être fondé à penser que l'une des deux personnes en cause était déjà par lui, qu'il le sût ou non, résolument sacrifiée à l'autre et que toute phrase musicale, agissant ici à la manière de la racine d'iris suscitant Galatée, eût eu pour effet de faire entrer en scène dans le rêve celle des deux dames qui intéressait véritablement le rêveur sans pour cela, puisque, je le répète, elles étaient deux, se montrer expressément attendue ou désirée.

Rien de plus choquant, je tiens à le déclarer sans autre ambage, rien de plus choquant pour l'esprit que de voir à quelles vicissitudes a été condamné l'examen du problème du rêve, de l'antiquité à nos jours. De piètres « clés des songes » persistent à circuler, indésirables comme des jetons, à la devanture des librairies vaguement populaires. C'est sans espoir qu'on cherche à découvrir, dans les œuvres des philosophes les moins tarés des temps modernes, quelque chose qui ressemble à une appréciation critique, morale, de l'activité psychique telle qu'elle s'exerce sans la directive de la raison. On en est quitte pour... la peur de se contenter de penser, avec Kant, que le rêve a « sans doute » pour fonction de nous découvrir nos dispositions secrètes et de nous révéler, non point ce que nous sommes, mais ce que nous serions devenus, si nous avions reçu une autre éducation (?) — avec Hegel, que le rêve ne présente aucune cohérence intelligible, etc. A pareil sujet, il faut avouer que les écrivains sociaux, marxistes en tête, si l'on en juge par ce qu'on peut actuellement connaître d'eux en France, se sont montrés encore moins explicites. Les littérateurs, intéressés du reste au non-éclaircissement de la question, qui leur permet, bon an mal an, d'exploiter un filon de récits sur lequel ils font valoir assez abusivement leur propriété (la faculté de fabulation étant à tout le monde) se sont, en général, bornés à exalter les ressources du rêve aux dépens de celles de l'action, ceci à l'avantage des puissances de conservation sociale qui y découvrent à juste titre un précieux dérivatif aux idées de révolte. Les psychologues professionnels, à qui se trouvait échoir en dernier ressort la responsabilité du parti à prendre en face du problème du rêve, n'ont plus eu dans ces conditions qu'à avancer vers la nouvelle côte, avec des gestes de scarabée, la boule d'opinions assez peu pertinentes qu'ils roulent devant eux depuis le fond

16

des âges. Il peut ne pas paraître exagéré de dire, en présence des louvoyages et des piétinements auxquels nous a accoutumés la *dernière* des sciences que ces messieurs professent, que l'« énigme du rêve », privée comme à l'ordinaire par ces spécialistes de toute signification vitale, menaçait de tourner au plus crétinisant mystère religieux.

Si j'avais à rechercher les causes de l'indifférence prolongée des esprits qu'on se fût attendu à trouver compétents pour cette part, la plus égarante, de l'activité humaine, commune à tous les hommes et vraisemblablement dénuée de conséquences sur le plan de l'existence pratique — l'oubli partiel dans lequel les rêves sont tenus et l'inattention volontaire qu'on leur prête ne parvenant pas à me les faire tenir pour inoffensifs — j'en appellerais d'abord sans nul doute au fait universellement reconnu que les puissances organisatrices de l'esprit n'aiment guère compter avec les puissances apparemment désorganisatrices. Il ne serait pas extraordinaire que les hommes qui ont disposé au degré le plus haut de celles-là se soient instinctivement dérobés à l'évaluation exacte de celles-ci. La dignité d'un homme est mise à assez rude épreuve par la teneur de ses rêves pour qu'il n'éprouve pas souvent le besoin d'y réfléchir, à plus forte raison de les conter, ce qui serait dans bien des cas peu compatible avec la gravité que nécessite, pour peu qu'il veuille enseigner, le compte rendu de ses travaux. N'en déplorons pas moins que le caractère souvent bouffon de l'aventure nocturne le contraigne à nous subtiliser ce visage mouvant, toujours si expressif, de lui-même.

En l'absence volontaire de tout contrôle exercé par les savants dignes de ce nom sur les origines et les fins de l'activité onirique, les réductions et les amplifications outrancières de cette activité pouvaient librement suivre leur cours. Jusqu'en 1900, date de la publication de *La Science des Rêves*, de Freud, les thèses les moins convaincantes et les plus contradictoires se succèdent, tendant à la faire passer du côté du négligeable, de l'inconnaissable ou du surnaturel. Les témoignages « impartiaux » font suite aux témoignages « impartiaux ». Pas un auteur ne se prononce avec netteté sur cette question fondamentale : *que deviennent dans le rêve le temps, l'espace, le principe de causalité ?* Si l'on songe à l'extrême importance de la discussion qui n'a cessé d'opposer en philosophie les partisans de la doctrine selon laquelle ces trois termes correspondraient à une réalité objective et les partisans de cette autre doctrine selon laquelle ils ne serviraient à désigner que de pures formes de la contemplation humaine, on s'inquiète de voir que pas un jalon, historiquement, n'a été posé à cet égard. Il y aurait là pourtant, peut-être plus qu'ailleurs, matière à départager les irréconciliables adversaires. Pour aggraver encore notre famine, les quelques observateurs du rêve qui paraissent s'être le mieux placés, ceux dont le témoignage offre le plus de garanties, les médecins en particulier, ont évité, ou négligé, de nous faire savoir de quel côté — on peut dire, considérant sur leur positions matérialistes et idéalistes — de quel côté de la barricade ils se situaient. Comme cela se produit dans le domaine des sciences naturelles, où une sorte de matérialisme tout intuitif, embryonnaire, de caractère purement professionnel, s'accorde tant bien que mal chez certains avec la croyance en Dieu et l'espoir d'une vie future, lesdits observateurs n'étaient sans doute pas très fixés! Force nous est donc, tout d'abord, de réparer pour eux, dans une certaine mesure, cette lacune. Il conviendrait à tout prix d'en finir avec cette fausse modestie scientifique, sans perdre de vue que la pseudo-impartialité de ces messieurs, leur paresse à généraliser et à déduire, à faire passer sur le plan humain toujours en mouvement ce qui reste autrement secret de laboratoire ou de bibliothèque, n'est que masque social porté par prudence et doit être soulevé sans ménagements par ceux qui ont estimé une fois pour toutes qu'après tant d'interprétations du monde il était temps de passer à sa transformation.

Les principaux théoriciens du rêve, du seul fait qu'ils ne distinguent pas ou qu'ils distinguent l'activité psychique de la veille de celle du sommeil et que, dans le second cas, ils tiennent l'activité onirique pour une dégradation de l'activité de veille ou pour une libération précieuse de cette activité, nous renseignent déjà plus qu'ils ne veulent sur leur façon profonde de penser et de sentir. Dans la première école viennent naturellement se ranger les adeptes plus ou moins conscients du matérialisme primaire, dans la seconde (sommeil partiel du cerveau) les divers esprits d'inclination positiviste, dans la troisième, en dehors des mystiques purs, les idéalistes. Tous les courants de la pensée humaine se trouvent ici, bien entendu, représentés. De l'idée populaire que « les rêves viennent de l'estomac » ou que « le sommeil continue n'importe quelle idée » à la conception de l'« imagination créatrice » et de l'épuration de l'esprit par le rêve, il est aisé de découvrir les intermédiaires habituels : agnostiques, éclectiques. Toutefois, la complexité du problème et l'insuffisance philosophique de quelques-uns, des chercheurs apparemment les mieux doués sous le rapport de la capacité d'observation font que bien souvent les conclusions les plus inconséquentes ne nous ont pas été épargnées. Pour les besoins de la cause à prétention matérialiste, selon laquelle l'esprit en rêve fonctionnerait normalement sur des conditions anormales, certains auteurs sont amenés paradoxalement à donner pour la première caractéristique du rêve l'absence de temps et d'espace (Haffner), ce qui ravale ceux-ci au rang de simples représentations dans la veille. Les partisans de la théorie selon laquelle le rêve ne serait à proprement parler que veille partielle et ne vaudrait qu'en tant que fait purement organique en arrivent assez vainement à y réintroduire le psychique sous une forme larvaire (Delage). Enfin, l'argumentation des zélateurs du rêve en tant qu'activité supérieure, particulière, succombe sans cesse devant la considération des absurdités criantes que recèle au moins son contenu manifeste, si ce n'est encore davantage devant le parti exorbitant que le rêve peut tirer d'excitations sensorielles minimes. Freud lui-même, qui semble, en matière d'interprétation symbolique du rêve, n'avoir fait que reprendre à son compte les idées de Volkelt, auteur sur qui la bibliographie établie à la fin de son livre reste assez significativement muette, Freud, pour qui toute la substance du rêve est pourtant prise dans la vie réelle, ne résiste pas à la tentation de déclarer que « la nature intime de l'inconscient [essentielle réalité du psychique] nous est aussi inconnue que la réalité du monde extérieur », donnant ainsi des gages à ceux-là mêmes que sa méthode avait le mieux failli mettre en déroute. C'est à croire que personne, ici, n'ose prendre sur soi de réagir contre l'indifférence, le laisser-aller général et l'on peut, dans ces conditions, se demander si le malaise accusé de toutes parts n'est pas révélateur du fait qu'on vient de toucher un point particulièrement sensible et qu'on redoute par-dessus tout de se compromettre. Peut-être y va-t-il de plus que nous ne pensions, qui sait, de la grande clé qui doit permettre de réconcilier la *matière* avec les règles de la logique formelle, qui se sont montrées jusqu'ici incapables à elles seules de la déterminer, à la grande satisfaction des réactionnaires de tout acabit. « En dehors même, écrit Freud, des écrivains religieux et mystiques qui ont grandement raison de garder, *aussi longtemps que les explications des sciences naturelles ne les en chassent pas*, les restes du domaine, jadis si étendu, du surnaturel — on rencontre des hommes sagaces et hostiles à toute pensée aventureuse qui s'efforcent d'étayer leur foi à l'existence et à l'action des forces spirituelles surhumaines précisément sur le caractère inexplicable des visions des rêves. » Il faut bien reconnaître que le fidéisme trouve, en effet, moyen de s'introduire ici de tous les côtés. Non seulement la question habilement soulevée de la responsabilité dans le rêve a réussi à grouper sans distinction sous cette bannière tous ceux qui voulaient bien admettre à un titre quelconque une telle responsabilité, mais encore tous ceux qui tenaient cette activité insuffisamment surveillée de l'esprit pour indigne ou pour nuisible. Le premier de ces cas est celui de Schopenhauer, de Fischer ; le second, celui de Spitta, de Maury. Ce dernier observateur et expérimentateur, un des plus fins qui se soient présentés au cours du XIXe siècle, reste une des victimes les plus typiques de cette pusillanimité et de ce manque d'envergure que Lénine a dénoncés chez les meilleurs naturalistes en général et chez Haeckel, en particulier. Pourquoi faut-il qu'après s'être livré, dès les premières pages de son livre : *Le Sommeil et les Rêves* (1862), à une attaque en règle contre l'emploi inconsidéré par Jouffroy du mot âme, principe auquel, dit-il, ce dernier a tort de recourir puisqu'il n'en peut définir nettement le caractère, Maury nous inflige, page 320, la perspective des conditions qui peuvent nous être attribuées « par Dieu dans la vie future »; pourquoi, page 339, faut-il que ce soit « le Créateur » qui communique leurs impulsions aux insectes? C'est véritablement désolant. Plus désolant encore est que Freud, après avoir expérimentalement retrouvé et fait expressément valoir dans le rêve le principe de conciliation des contraires et témoigné que le profond fondement inconscient de la croyance à une vie après la mort ne résultait que de l'importance des imaginations et des pensées inconscientes sur la vie pré-natale, plus désolant encore est que le moniste Freud se soit laissé aller finalement à cette déclaration au moins ambiguë, à savoir que la « réalité psychique » est une forme d'existence particulière *qu'il ne faut pas confondre* avec la « réalité matérielle ». Était-ce bien la peine d'avoir combattu plus haut la « confiance médiocre des psychiatres dans la solidité de l'enchaînement causal entre le corps et l'esprit »? Freud se trompe encore très certainement en concluant à la non-existence du rêve prophétique — je veux parler du rêve engageant l'avenir immédiat — tenir exclusivement le rêve pour révélateur du passé étant nier la valeur du mouvement. Il est à remarquer qu'Havelock Ellis, dans sa critique de la théorie du rêve-réalisation de désir chez Freud ne fait, en lui opposant une théorie du rêve-peur, que souligner chez Freud et chez lui le manque à peu près complet de conception dialectique. Cette conception semble avoir été moins étrangère à Hildebrandt, auteur d'un ouvrage paru en 1875 et non traduit en français, dont il est fait au cours de *La Science des Rêves* d'assez abondantes citations. « On peut dire que, quoi que présente le rêve, il prend ses éléments dans la réalité et dans la vie de l'esprit qui se développe à partir de cette réalité... Si singulière que soit son œuvre, il ne peut cependant jamais échapper au monde réel et ses créations les plus sublimes comme les plus grotesques doivent toujours tirer leurs éléments de ce que le monde sensible offre à nos yeux ou de ce qui s'est trouvé d'une quelconque manière dans la pensée de la veille. » Malheureusement, l'auteur qui estime, d'autre part, que plus la vie est pure, plus le rêve est pur, parle de culpabilité dans le rêve, à la façon des anciens inquisiteurs, et se pose traîtreusement en spiritualiste. Comme on le voit, ici plus que partout ailleurs, selon la parole de Lénine « il est significatif au plus haut point que les représentants de la bourgeoisie instruite, pareils au noyé qui se cramponne à un fétu, recourent aux moyens les plus raffinés pour trouver ou garder une place modeste au fidéisme engendré au sein des couches inférieures des masses populaires par l'ignorance, l'hébétement et l'absurde sauvagerie des contradictions capitalistes ».

On ne peut s'étonner, en présence de l'attitude générale observée par les écrivains ci-dessus désignés, attitude qui va du fanatisme religieux à la volonté d'indépendance à l'égard des partis (cette prétendue indépendance ne servant qu'à dissimuler les pires servitudes), de l'orientation arbitraire de la plupart des recherches entreprises sur le rêve. C'est à peine si la très grave question de la place quantitativement réelle occupée par celui-ci dans le sommeil a retenu l'attention de nos dignes universitaires. Si Hervey, ni docteur en médecine, ni docteur en philosophie, n'hésite pas à affirmer qu'il n'est pas de sommeil sans rêve, que « la pensée ne s'éteint jamais d'une manière absolue », le doute radical que la psychologie n'a cessé de faire peser sur la fidélité de la mémoire a paru sur ce sujet, aux autres observateurs, justifier une réserve presque absolue. Encore bien beau s'ils prennent la peine de s'expliquer à ce sujet. Freud, sur ce point, est des moins catégoriques. Une réplique modérée à Hervey a pu cependant venir de Maury qui, par la relation de son célèbre rêve de la guillotine, a cru mettre en évidence le caractère illusoire du souvenir de rêve, a prétendu prouver que toute la construction en cause s'échafaude dans les quelques secondes que dure le réveil, l'esprit se hâtant d'interpréter d'une manière rétrospective la cause extérieure qui a mis fin au sommeil. Foucault a soutenu d'autre part que les connexions logiques que l'esprit croit retrouver dans le rêve sont ajoutées après coup par la conscience éveillée. Une théorie, dont il semble bien qu'en fin de compte elle se confonde avec la théorie pragmatique de l'émotion, tend ici à limiter autant que possible le rêve jusqu'à l'identifier à une sorte de vertige mental de transition et extrêmement court. Pour sa part, Havelock Ellis apporte à cette théorie une adhésion mitigée. Il est fâcheux que sur ce point les arguments fournis de part et d'autre ne soient encore pas de nature à entraîner notre conviction. C'est à croire que l'extraordinaire puissance connue sous le nom de suggestion (et d'auto-suggestion) persistera longtemps encore à mystifier tous ceux qui viennent chasser sur ses terres. On n'a que trop entendu reparler de ses méfaits depuis un siècle. Dans le domaine médical — avant Freud — Charcot, Bernheim, tant d'autres, pourraient nous en entretenir savamment! (N'est-il pas surprenant de constater que Freud et ses disciples persistent à soigner et, ajoutent-ils, à guérir des hémiplégies hystériques alors qu'il est surabondamment prouvé, depuis 1906, que ces hémiplégies *n'existent pas* ou plutôt que c'est la seule main, trop impérative, de Charcot qui les a fait naître?) Je m'en voudrais de ne pas faire observer sans plus tarder que c'est très vicieuse-ment qu'Hervey, du fait que, sous l'influence de l'habitude, il arrive à se rappeler un nombre de rêves de plus en plus grand, conclut à la conti-nuité parfaite de l'activité psychique durant le sommeil et aux seules éclipses, par suite, de la mémoire : encore faudrait-il établir qu'il n'a pas réussi à accroître, dans des proportions considérables, en les soumettant à l'épreuve de son observation constante, les limites de cette activité. Ce très particulier surmenage intellectuel eût pu, à la rigueur, le placer dans des conditions d'intoxication qui lui resteraient propres et priveraient ses conclusions de l'objectivité nécessaire. Hervey se voit rêver à tout moment où il s'observe rêver, c'est-à-dire à tout moment où il s'est *attendu à rêver*. C'est beaucoup, en apparence : au fond ce n'est rien. L'affirmation contradictoire de Maury n'est pas plus sûre. C'est, en effet, après bien des années que ce dernier nous rapporte comment une nuit la chute sur son cou de la flèche de son lit « suffit à entraîner » une série de représentations empruntées à l'histoire révolutionnaire, au terme desquelles on le guillotinait. Rien ne saurait justifier, selon moi, cet appel à la mémoire « infidèle » et l'acceptation aveugle de son témoignage, au bout d'un si long temps. Il y a là une contradiction fort gênante. Je n'ignore pas, d'une part, que Maury tenait Robespierre, Marat, pour les plus vilaines figures d'une époque terrible (c'est donc un *suspect* qui ne fait que se rêver suspect) ; le fait matériel qui met fin au rêve ne suffit pas, d'autre part, à écarter l'hypothèse d'un petit nombre de phénomènes avertisseurs qui se seraient produits, durant le sommeil ou durant la veille, avant la chute de la flèche. Le rêveur, enfin, qui, tout en se vantant de n'appartenir à aucune secte philosophique, parle de sa dignité de créature de Dieu, a

— ne l'oublions pas — toutes sortes de mauvaises raisons de conclure à la rapidité foudroyante de la pensée dans le rêve, cette rapidité, selon lui, contribuant pendant le sommeil à effacer en nous la notion du temps, lui servant, par suite, à faire passer le temps réel sur le plan purement spéculatif. Rien, comme on peut voir, de moins désintéressé que cette dernière contribution à l'étude du rêve, rien qui ne puisse faire qu'en dépit du succès qui l'a accueillie je ne me croie pas autorisé à la tenir pour nulle et non avenue.

Ne m'étant pas, jusqu'ici, vraiment spécialisé dans l'étude de la question et estimant que je n'ai pas été mis en possession de documents suffisamment irréfutables pour en trancher, j'adopterai pour ma part, mais seulement à titre d'hypothèse — autrement dit jusqu'à preuve du contraire ou de la possibilité de le concilier dialectiquement avec ce contraire — le jugement selon lequel l'activité psychique s'exercerait dans le sommeil d'une façon continue. J'estime, en effet, *primo*, qu'une détermination arbitraire de cette espèce peut seule contribuer à faire, un jour, rentrer le rêve dans son véritable cadre qui ne saurait être que la vie de l'homme et, *secundo*, que cette manière de penser est plus conforme que toute autre à ce que nous pouvons savoir du fonctionnement général de l'esprit. Je ne vois ni avantage théorique ni avantage pratique à supposer quotidiennement l'interruption et la reprise de courant que nécessiterait, entre-temps, l'admission d'un repos complet et de son seuil à franchir, on ne sait comment, dans les deux sens. Un inconvénient grave me paraîtrait en résulter touchant à ce très singulier exil de l'homme, rejeté chaque nuit hors de sa conscience, disloqué en matière de conscience et invité de la sorte à spiritualiser dangereusement cette dernière.

Que l'on accorde au rêve cette importance ou une importance moindre dans la durée (et, dans le premier cas, il s'agirait encore une fois, compte tenu des instants de crépuscule psychique dans la veille, d'au moins la moitié de l'existence humaine) on ne saurait se désintéresser de la manière dont l'esprit réagit en rêve, ne fût-ce que pour en déduire une conscience plus complète et plus nette de sa liberté. La nécessité du rêve a beau ne pas être connue, il est clair qu'elle existe. Aussi sur cette question brûlante pouvons-nous nous attendre à voir adopter par les spécialistes un point de vue socialement très significatif. Si, comme j'ai eu l'occasion de le noter plus haut, les témoignages à charge abondent contre le rêve « inutile, absurde, égoïste, impur, immoral », ceux qu'on est tenté d'invoquer pour sa défense se révèlent à peine moins accablants. Ce ne sont qu'improvisations à bas prix de gens exaltés et d'optimistes à tous crins bien décidés à ne voir dans le rêve que le libre et joyeux divertissement de notre « imagination déchaînée ». Nulle compréhension plus élevée de part ni d'autre, rien qui repose sur l'acceptation du rêve comme nécessité naturelle, rien qui tende à lui assigner son utilité véritable, rien moins que jamais qui, de la « chose en soi » sur laquelle on se plaît à faire tomber le rideau du rêve, parvienne, non seulement *malgré* le rêve mais *par* le rêve, à faire une « chose pour nous ».

La nécessité du rêve serait déjà hors de question du fait que nous rêvons. Il n'en est pas moins vrai que cette nécessité a surtout pris corps du jour où l'homme a pu saisir les rapports étroits qui existent entre le rêve et les diverses activités délirantes telles qu'elles se manifestent dans les asiles. « Le rêve dû à une fatigue périodique fournit les premiers linéaments de l'aliénation mentale. » (Havelock Ellis.) Une fois de plus il a fallu que, par l'intermédiaire du malade, l'objet du délire agît sur les organes des sens de l'observateur, avec le grossissement qui apparemment lui est propre, pour que sa totale ignorance se muât en un imperceptible savoir. Comment n'avoir pas été plus tôt frappé de l'analogie que présentent la fuite des idées dans le rêve et dans la manie aiguë, l'utilisation des moindres excitations extérieures dans le rêve et dans le délire d'interprétation, les réactions affectives paradoxales dans le rêve et dans la démence précoce? On ne sait, mais il n'est pas inutile de faire observer que c'est en allant, encore une fois, de l'abstrait au concret, du subjectif à l'objectif, en suivant cette route qui est la seule route de la connaissance, qu'on est parvenu à arracher une partie du rêve à ses ténèbres et qu'on a pu entrevoir le moyen de le faire servir à une connaissance plus grande des aspirations fondamentales du rêveur en même temps qu'à une appréciation plus juste de ses besoins immédiats.

La seule possibilité qui s'offre à nous d'éprouver la valeur des moyens de connaissance mis le plus récemment à notre disposition pour l'étude du rêve consiste à voir par nous-mêmes si la vérité objective de la théorie qu'on nous soumet est susceptible de trouver sa confirmation dans le critérium de la pratique. Faute, comme nous l'avons vu, de pouvoir tenir un compte précis des résultats soi-disant obtenus par l'application de ces moyens à la thérapeutique des maladies mentales, il semble que nous ne puissions mieux faire qu'expérimenter sur nous-mêmes la méthode en cause, afin de nous assurer que de l'être sensible immédiat que nous avons sans cesse en vue et qui est nous, nous sommes en mesure par elle de passer à ce même être mieux connu dans sa réalité, c'est-à-dire non plus comme être immédiat, mais dans plusieurs de ses nouvelles relations essentielles (unité de l'essence humaine et du phénomène rêve). A supposer que cette épreuve soit satisfaite dans ses résultats, qu'elle nous rende conscients d'un progrès accompli dans la connaissance de nous-mêmes et, par suite, concurremment, dans celle de l'univers, il nous sera loisible de confronter cette nouvelle image des choses avec l'ancienne, puis de puiser dans cette confrontation de nouvelles forces pour nous affranchir de certains préjugés qui nous restaient encore et porter un peu plus loin notre position de combat.

Tout ce qu'à cet effet, il me paraît nécessaire de retenir de l'œuvre de Freud est la méthode d'interprétation des rêves, et ceci pour les raisons suivantes : c'est de beaucoup la trouvaille la plus originale que cet auteur ait faite, les théories scientifiques du rêve n'ayant laissé, avant lui, aucune place au problème de cette interprétation ; c'est là par excellence ce qu'il a rapporté de son exploration quotidienne dans le domaine des troubles mentaux, je veux dire ce qu'il doit avant tout à l'observation minutieuse des manifestations extérieures de ces troubles ; enfin, c'est là de sa part une proposition de caractère exclusivement pratique, à la faveur de laquelle il est impossible de nous faire passer sans contrôle telle ou telle opinion suspecte ou mal vérifiée. Il n'est aucunement nécessaire, pour vérifier sa valeur, de faire siennes les généralisations hâtives auxquelles l'auteur de cette proposition, esprit philosophiquement assez inculte, nous a accoutumés par la suite.

La méthode d'interprétation psychanalytique des rêves eût depuis plus d'un quart de siècle fait ses preuves si deux obstacles à première vue presque insurmontables n'étaient venus interrompre son essor, réduisant considérablement la portée de ses investigations. C'est tout d'abord le barrage défini sous le nom de « mur de la vie privée », barrage social derrière lequel il est entendu que l'homme, sans coupable indiscrétion, ne peut chercher à rien voir. Freud lui-même, qui est le premier à témoigner, à cet égard, d'une liberté d'esprit assez exceptionnelle à laquelle on ne peut que rendre hommage, n'échappe pas à la crainte d'aller trop loin dans ses confidences. « On éprouve, écrit-il, une pudeur bien compréhensible à dévoiler tant de faits intimes de sa vie intérieure et on craint les interprétations malveillantes des étrangers. » A la fin du fameux rêve « de l'injection d'Irma », il note : « On imagine bien que je n'ai pas communiqué ici tout ce qui m'est venu à l'esprit pendant le travail d'interprétation. » On l'imagine peut-être, mais à coup sûr on le regrette. Page 278 de *La Science des Rêves*, il avoue que s'il n'entreprend point de couronner sa démonstration générale par la synthèse publique d'un rêve, c'est faute de pouvoir user « avec ce sans-gêne » du matériel psychique nécessaire pour une telle démonstration. Page 375, il se déclare incapable de sacrifier des êtres chers à son ambition d'expliquer intégralement un de ses rêves. Il y revient encore, page 404 : « Le meilleur de ce que tu sais, tu ne pourras jamais le dire », et page 434 : « On ne peut se dissimuler qu'il faut une grande maîtrise de soi pour interpréter et communiquer ses propres rêves. Il faut se résigner à paraître l'unique scélérat parmi tant de belles natures qui peuplent la terre. » L'auteur se souvient à temps qu'il est marié, père de famille et ce même petit bourgeois de Vienne qui a longtemps aspiré à être nommé professeur. De là, une des contradictions les plus gênantes de son ouvrage : les préoccupations sexuelles ne jouent apparemment aucun rôle dans ses rêves personnels, alors qu'elles contribuent d'une manière nettement prépondérante à l'élaboration des autres rêves qu'il entreprend de nous soumettre. Or, le second obstacle sur lequel vient buter la psychanalyse est précisément le fait que ces derniers rêves sont en général des rêves de malades, qui plus est : d'« hystériques », c'est-à-dire de gens tout particulièrement suggestionnables et susceptibles, en outre, de fabulation on ne peut plus complaisante dans ce domaine. Loin de moi l'intention de réduire par ces propos l'importance de la sexualité dans la vie inconsciente, que je tiens, à beaucoup près, pour l'acquisition la plus importante de la psychanalyse. Je reproche, au contraire, à Freud d'avoir sacrifié le parti qu'il pouvait tirer, en ce qui le concerne, de cette acquisition à des mobiles intéressés fort quelconques. C'est là une désertion comme une autre, qui ne pouvait manquer historiquement de rendre possible celle dont il est amené plus tard à accuser Jung et Adler, quand il les voit délaisser, pour les spéculations abstraites les plus aventureuses, l'histoire *réelle* de l'individu.

Je sais : « Que ceux qui seraient portés à me blâmer pour cette réserve, dit Freud, essayent d'être eux-mêmes plus explicites. » Mais il ne me semble pas que ce soit là un défi si difficile à relever. Peut-être suffit-il de ne pas tenir exagérément à trop de choses. Aucune situation humaine, qui se prend et se donne pour ce qu'elle est, ne peut être tenue en fin de compte pour si risible ou si critiquable. « Rien ne vous appartient plus en propre que vos rêves, s'écrie Nietzsche. Sujet, forme, durée, acteur, spectateur — dans ces comédies, vous êtes tout vous-même ! » Et Jean-Paul : « En vérité, il y a plus d'une tête qui nous instruirait davantage avec ses rêves réels qu'avec ceux de sa fantaisie. » Tâchons d'être cet observateur imprudent et sans tache.

RÊVE DU 26 AOÛT 1931. — Réveil 3 heures du matin. — Notation immédiate :

Une vieille femme, en proie à une vive agitation, se tient aux aguets non loin de la station de métro Villiers (qui ressemble plutôt à la station Rome). Elle a voué une haine violente à X[1] qu'elle cherche à joindre à tout prix et dont la vie me paraît, de ce fait, en péril. X ne m'a jamais parlé de cette femme, mais je suppose qu'elle n'a pas la conscience très claire à son sujet et que c'est pour l'éviter qu'elle prenait soin d'arriver toujours en taxi à la porte de la maison du quartier où, jusqu'à ces derniers jours, nous occupions une chambre, d'attendre à cette même porte le passage d'un taxi pour en partir. Elle se gardait bien de faire un pas dans la rue. Je lui ai remis tout ce qui me restait d'argent pour qu'elle veuille bien acquitter les frais de location, car elle ne doit plus revenir — ceci probablement à la suite d'une discussion plus grave, entre nous, que les précédentes. Comme j'arrive avec un ami, qui doit être Georges Sadoul, au haut de la

1. Mon amie, autrefois.

rue (de Rome ?) nous croisons la vieille femme et je remarque qu'elle épie mes gestes de très près. Pour voir ce qu'elle va faire et peut-être aussi pour égarer ses recherches, j'écris sur un papier quelque chose dont je voudrais lui faire croire que je vais le porter à mon ancien domicile. Mais, comme elle peut lire, je modifie le nom et l'appellation initiale en en invertissant les lettres qui donnent, à ma surprise, le mot Manon, que, par surcroît de précaution, j'entrelace encore avec celles d'un mot tendre tel que ma chérie. La vieille femme, qui me fait l'effet d'une folle, pénètre dans l'immeuble, de l'intérieur duquel la personne peu visible qui la garde me fait signe de ne pas entrer. Je redoute quelque vilaine affaire, de police ou autre — d'internement — à laquelle X aurait été mêlée autrefois.

Chez mes parents, à l'heure du dîner, dans une maison que je ne connais pas. Je me suis muni d'un revolver, par crainte d'une irruption de la folle, et me tiens devant une assez grande table rectangulaire recouverte d'une nappe blanche. Mon père, à qui j'ai dû faire part de ma rencontre, se livre à des réflexions incongrues. Il ergote : ne connaissant pas X, il ne sait pas, dit-il, et n'a pas à savoir si elle est « mieux ou moins bien » que la vieille. Je m'irrite de ces propos et, prenant à témoin les personnes présentes, je demande s'il est possible qu'il parle normalement et sans intention de me blesser en comparant une femme de vingt ans à une femme de soixante-cinq (ces deux nombres soulignés dans le rêve). M'abandonnant ensuite à mes seules réflexions, je songe que X ne reviendra jamais, qu'il est douteux que cette femme parvienne à l'atteindre ailleurs qu'où actuellement elle la cherche, ce

36

qui me cause un sentiment mêlé de soulagement et de dépit (sentiment analysé très vite dans le rêve).

....

Me voici dans un magasin où un enfant d'une douzaine d'années (ce nombre non précisé dans le rêve) me montre des cravates. Je suis sur le point d'acquérir l'une d'elles qui me convient, lorsqu'il m'en trouve une autre, dans un tiroir, que je me laisse imposer par lui : c'est une cravate vert sombre, assez banale, à très fines rayures blanches en diagonale, tout à fait semblable à l'une de celles que je possède. Mais le jeune vendeur assure qu'elle s'harmonise particulièrement bien avec ma chemise rouge. Tout en fouillant à nouveau dans le stock de cravates, un autre vendeur, d'âge moyen, me parle d'une cravate « Nosferatu » qui se vendait bien il y a deux ans mais dont il craint que ne lui reste plus aucun spécimen. C'est moi qui découvre aussitôt cette cravate parmi les autres. C'est une cravate grenat sur les pointes de laquelle se détache en blanc et, au moins sur la pointe visible — le nœud fait — par deux fois le visage de Nosferatu qui est en même temps la carte de France vide de toute indication et dont la frontière de l'Est, très sommairement tracée en vert et bleu, si bien que je crois plutôt à des fleuves, figure d'une façon surprenante le maquillage du vampire. Je suis très impatient de montrer cette cravate à mes amis.

Je me suis retourné à cent quatre-vingts degrés vers la droite. A l'autre comptoir se tient un membre du P. C., du genre physique de Cachin. Celui-ci m'entretient avec certaines réticences d'un voyage en Allemagne que j'aurais à entreprendre prochainement. Je suis assez content. Arrive Vaillant-Couturier qui se comporte d'abord comme s'il ne me voyait pas, puis me serre la main (je suis assis). Il me parle avec plus de précision de ce voyage. J'irais d'abord à Berlin. Il m'explique assez cauteleusement que « ma foi, le sujet de la conférence à faire leur avait paru fort bien pouvoir être le surréalisme ». Je raille intérieurement cette manière de présenter les choses. On part demain. Je pense qu'heureusement j'ai retrouvé un peu d'argent depuis tout à l'heure. Le pseudo-Cachin précise qu'on emmènera B... et, je crois, René Clair (il nomme deux fois B...). Je songe à utiliser comme thème de conférence, si c'est moi qui dois la faire, les éléments du livre que je me proposais de commencer à écrire incessamment [1].

NOTE EXPLICATIVE. — L'année 1931 s'est ouverte pour moi sur des perspectives extrêmement sombres. Le cœur était au mauvais fixe, on ne le verra que trop lorsque, dans la seconde partie de ce livre, je devrai exposer à certaines fins quelques-uns de mes égarements d'alors. X n'était plus là, il n'était plus vraisemblable qu'elle y fût jamais et pourtant j'avais longtemps espéré la retenir toujours; moi qui ne crois guère à mon pouvoir je m'étais fait longtemps de mon pouvoir cette idée que s'il était, il devait tout entier servir à la retenir toujours. Ainsi en allait-il d'une certaine conception de l'amour unique, réciproque, réalisable envers et contre tout que je m'étais faite dans ma jeunesse et que ceux qui m'ont vu de près pourront dire que j'ai défendue, plus loin peut-

1. Il s'agit du livre présent.

38

être qu'elle n'était défendable, avec l'énergie du désespoir. Cette femme, il fallait me résigner à ne plus en rien savoir ce qu'elle devenait, ce qu'elle deviendrait : c'était atroce, c'était fou. J'en parle aujourd'hui, il arrive cette chose inattendue, cette chose misérable, cette chose merveilleuse et indifférente que j'en parle, il sera dit que j'en ai parlé. Voilà, c'est fini pour le cœur. — Intellectuellement, il y avait l'extraordinaire difficulté de faire admettre que ce n'était pas par vulgaire romantisme, par goût de l'aventure pour l'aventure, que je soutenais depuis des années qu'il n'était pas d'issue poétique, philosophique, pratique à l'activité à laquelle mes amis et moi nous étions voués, hors de la Révolution sociale, conçue sous sa forme marxiste-léniniste. Rien n'avait jamais été plus contesté que la sincérité de nos déclarations dans ce domaine ; pour ma part, je m'attendais à ce que, pour ne pas la reconnaître, on multipliât contre nous, à perte de vue, les mensonges et les pièges. L'action purement *surréaliste*, limitée qu'elle était pour moi par ces deux sortes de considérations, avait à mes yeux, il faut le dire, perdu ses meilleures raisons d'être.

(Un temps s'est écoulé. J'ai constaté l'été suivant, de l'île de Sein que son nom doit rendre chère aux psychanalystes, que les bateaux n'étaient ni plus ni moins immobiles sur la mer. Ils sont toujours et ne sont pas en perdition, comme toute chose. Dans le monde entier, l'action communiste suit son cours. A Castellane

39

(Basses-Alpes), où ce rêve, l'an dernier, est venu me surprendre, déjà l'impossible était revenu se fondre dans le possible... Une vive lumière baignait les platanes de la place.)

ANALYSE. — *Une vieille femme qui semble folle, guette entre « Rome » et « Villiers »* : Il s'agit de Nadja, de qui j'ai naguère publié l'histoire et qui habitait, lorsque je l'ai connue, rue de Chéroy, où semble bien conduire l'itinéraire du rêve. Elle n'est si vieille que parce que, la veille du rêve, j'ai fait part à Georges Sadoul, qui se trouvait seul à Castellane avec moi, de l'étrange impression de non-vieillissement que m'avaient produite les démentes précoces, lors de ma dernière visite à Sainte-Anne, il y a quelques mois. Je ne m'étais pas plus tôt livré à cette appréciation que j'en avais éprouvé une certaine inquiétude : comment serait-il possible ? est-ce bien exact ? sinon pourquoi dis-je cela ? (*défense* contre l'éventualité d'un retour de Nadja, saine d'esprit ou non, qui pourrait avoir lu mon livre la concernant et s'en être offensée, *défense* contre la responsabilité involontaire que j'ai pu avoir dans l'élaboration de son délire et par suite dans son internement, responsabilité que X m'a souvent jetée à la tête, dans des moments de colère, en m'accusant de vouloir la rendre folle à son tour). En ce qui concerne les traits de la femme, assez effacés dans le rêve, je crois pouvoir noter qu'ils se confondent ou se composent avec ceux d'une personne âgée qui me regarde un peu trop fixement, ou d'une table trop proche, à l'heure des repas.

L'arrivée et le départ de X en taxi : C'était bien réellement son habitude. Je lui ai longtemps connu, outre la paresse de marcher dans Paris, la phobie de traverser les rues. Même hors de la vue de toute voiture, elle pouvait rester ainsi longtemps immobile au bord d'un trottoir (son grand-père était mort écrasé par un camion qu'il conduisait). J'avais cru pouvoir un jour l'aider à réagir définitivement contre cette phobie en lui assurant que si, depuis quelques mois, elle avait moins peur, c'est que sans doute elle se savait mariée et par là, au sens populaire, « garée des voitures », ce qui avait paru la frapper.

Tout ce qui me restait d'argent pour acquitter les frais de location : Souvent, j'ai cherché à me persuader — à tort ou à raison — que les embarras pécuniaires que je subissais n'étaient pas étrangers à ses déterminations de départ. Justification rétrospective aussi, vis-à-vis de Nadja, que je me suis maintes fois reproché d'avoir laissée manquer d'argent les derniers temps.

Elle ne doit plus revenir : Cette fois réellement, comme la dernière fois et non plus comme les autres fois.

Avec un ami, qui doit être Sadoul : Ceci en raison du fait que je l'ai vu il y a des années très épris d'une femme qui portait ce même prénom : X, pour se révéler par la suite être une amie d'enfance de mon amie et même lui avoir emprunté ce prénom, qu'elle avait substitué à *Hélène,* le sien.

41

Manon : C'est le nom qui est resté à ma cousine germaine d'une appellation que, paraît-il, je lui donnais étant enfant. J'ai éprouvé pour elle, vers dix-neuf ans, un grand attrait sexuel, que je prenais alors pour l'amour. Le rêve, ici, tend visiblement à reproduire cette illusion, de manière à réduire l'importance que X a eue pour moi, à ruiner l'idée exclusive que j'ai voulu me faire de cet amour, en pensant à elle. La personnalité de Manon se trouve ici introduite par l'étonnement dont la veille je faisais part à Sadoul d'avoir un jour reçu de mon oncle (son père) une lettre de remerciements, non ironique, en réponse à une lettre de souhaits que je savais fort bien ne pas lui avoir adressée.

On me fait signe de ne pas entrer : Il faut voir ici l'expression commune de mon désir, déjà formulé, de ne plus me retrouver en présence de Nadja, telle qu'elle doit être devenue et de celui d'éviter, avec X, toute espèce de nouvelle explication inutile et navrante.

Quelque vilaine affaire... Allusion à des fréquentations douteuses que X a pu avoir autrefois. Sous une forme véhémente, je lui reproche de consentir à vivre encore avec un individu qui a cherché jadis, en provoquant contre elle de faux témoignages, à la faire arrêter.

Une assez grande table rectangulaire recouverte d'une nappe blanche : J'ai pris l'habitude à Castellane, de lire et d'écrire à une petite table rectangulaire située sous les arcades extérieures de l'hôtel. Le lundi 24 août, par exception, je me tenais à une table ronde, voisine de celle-ci, quand je remarquai qu'à la table rectangulaire une jeune femme que je n'avais pas encore vue paraissait occupée à écrire des vers. Je songeai qu'elle pouvait revenir les jours suivants et que je devrais lui abandonner cette table, dont elle s'accommodait peut-être mieux que des autres, comme moi. Cette jeune femme me parut curieuse et jolie, j'eusse très volontiers engagé la conversation avec elle. La suite du rêve permettra, d'ailleurs, de la retrouver. Toujours est-il qu'au dîner, à une table ronde, la nappe de papier rectangulaire étant restée relevée sur ma droite du fait qu'elle touchait au mur par un de ses bords, je posai par mégarde sur la partie non recouvrante du papier la carafe d'eau qui se brisa à grand fracas, éclaboussant à mes pieds les cahiers sur lesquels j'avais pris quelques notes générales sur les rêves. Cet acte manqué était déjà par lui-même révélateur du désir de m'asseoir dehors à la table rectangulaire, en compagnie de la jeune femme. La table est rectangulaire dans le rêve pour cette même raison et aussi assez grande pour que ce qu'on pose sur elle ne se brise pas. (Sexuellement on sait que la table mise symbolise la femme ; il est à remarquer que dans le rêve on *se prépare* seulement à servir.)

Les réflexions incongrues de mon père : Elles renouvellent un sujet de rancune que j'ai pu récemment avoir contre lui. Comme dans un mouvement de grande tristesse plutôt, à vrai dire, que de confiance, j'avais été amené à lui écrire, parlant de X : « Cette femme m'a fait un mal immense, incommensurable », il m'avait répondu : « Comme tu dis, ta mère et moi, pensons que cette femme t'a fait... » (Suivait la répétition des termes dont je m'étais servi, chose que je n'ai jamais pu souffrir en méthode de correspondance, et diverses considérations morales qu'il eût pu, en la circonstance, m'épargner.)

Vingt ans, soixante-cinq ans : Sadoul et moi nous étions défendus, le 25 au soir, d'entrer à l'« Eden-Casino » (comme s'intitule un petit établissement de Castellane) où la veille nous nous étions trop laissé tenter par deux assez beaux « appareils à sous », dont l'un sensiblement plus ancien, *moins bien réglé* que l'autre. Il s'agit, pour gagner à ce jeu, d'assembler dans un ordre prescrit diverses images tapissant trois roues et figurant des citrons, des prunes, des oranges, des cerises et des cloches, l'apparition de l'inscription *Free Play*, réservée sur la première roue, permettant dans certains cas de rejouer gratuitement. Nous y avions perdu, dans la journée de lundi, des sommes relativement élevées, ce que j'avais exprimé en payant les consommations, qui étaient de cinq francs, par ces mots : « Deux fines : soixante-cinq francs, ce n'est pas mal », à quoi Sadoul avait ajouté qu'il avait, lui, perdu vingt francs. Il est clair que l'unité monétaire a été ici convertie en année, en application rigoureuse du principe que *depuis* j'ai trouvé formulé par Freud, p. 369 de *La Science des Rêves*, et

qui rend compte dans le rêve de la réalité du pro-
verbe : « Time is money. » L'attribution formelle
de cet âge, vingt ans, à X de qui je sais pourtant
que ce n'est pas le sien, a, naturellement, une
autre origine. X m'a raconté jadis que le jour où
elle eut vingt ans, jour où elle se trouvait très seule
et d'autant plus triste que, du plus loin qu'elle se
rappelait, elle avait fait tenir dans cette date anni-
versaire tout un monde de puissance féminine et
de joie, elle resta émerveillée, à n'oser de longtemps le défaire, devant un paquet qu'on vint
apporter pour elle et qui, à en juger par l'extérieur, ne pouvait contenir qu'un magnifique
présent. S'étant décidée, avec mille précautions, à
en explorer le contenu, elle découvrit, je l'ai vue
encore en pleurer, un bidet plein de « soleils »
(tournesols). Jamais elle ne sut qui avait songé —
son oncle, un amant ? — à mettre à exécution
cette plaisanterie de grand style que, pour ma
part, j'ai toujours trouvée d'une conception splen-
dide et effroyable.

....

L'enfant d'une douzaine d'années : La transition
avec cette suite du rêve est fournie par les
« soleils ». C'est ici une conversion d'espace en
temps. Il y a, tout près de l'endroit où j'écris, sur la
droite, un écriteau qui porte ces mots : « Pont-de-
Soleils, 12 km », je ne l'ai découvert que le
25 août, au soir, et la distance réelle n'avait pas été
par moi retenue sur-le-champ d'une manière sûre,
d'où la légère imprécision du rêve à cet égard. Le

« pont » proprement dit se redéterminera encore par ailleurs.

Je n'ai rien dit de la ligne de points qui précède l'apparition de cet enfant et qui, au moment où j'ai noté ce rêve, ne m'a pas paru témoigner d'une lacune, mais bien plutôt mettre fin, ici, à ce que Freud appelle le rêve-prologue, celui-ci paraissant d'une part destiné à justifier ce qui se passe ensuite, en application du principe : telle chose étant, telle autre devait arriver ; d'autre part à permettre au rêve principal, tenant la place de la proposition principale dans le raisonnement éveillé, de se centrer clairement sur la préoccupation dominante du dormeur. Tout se passe comme si ce dernier entendait résoudre de la sorte un problème affectif particulièrement complexe qui, en raison même de son caractère trop émouvant, défie les éléments d'appréciation consciente qui déterminent, pour une part, la conduite de la vie. C'est dire si la solution ainsi découverte et admise par le rêveur, qu'elle soit ou non connue de lui au réveil, est de nature à influencer profondément ses dispositions, à forcer chez lui, par le versement au dossier de pièces secrètes, le jugement. Ce n'est sans doute pas dans un autre sens qu'il faut entendre que « la nuit porte conseil » et l'on voit que ce n'était pas pure extravagance, de la part des anciens, de faire interpréter leurs rêves. Au point où j'en suis arrivé de cette analyse, il est clair que le rêve en cause tend à me débarrasser d'une inquiétude réelle, très vive, qui repose sur la difficulté morale où je me suis trouvé durant des mois de surprendre comment, de cette conception de l'amour limité à un seul être, conception dont j'ai fait état dans la note explicative et qui ne saurait humainement survivre à mon amour pour cet être, je puis passer à une conception différente sans perdre toute valeur à mes propres yeux. Chacun sait que le rêve, optimiste et apaisant dans sa nature, au moins quand il n'est pas sous la dépendance d'un état physique alarmant, tend toujours à tirer parti de telles contradictions dans le sens de la vie. Rien d'étrange, donc, à ce que celui-ci porte contre X (« quelque vilaine affaire ») une accusation qui n'a jamais été fondée dans la vie. Le rêve fait ici justice, de la manière la plus accommodante pour moi, du doute très pénible où je me suis trouvé maintes fois à son sujet, incapable d'accabler en elle la femme que j'avais aimée : a-t-elle bien été coupable vis-à-vis de moi, n'ai-je pas été aussi coupable vis-à-vis d'elle, dans quelle mesure la rupture survenue entre nous lui est-elle imputable, m'est-elle imputable, etc. ? L'analyse très rapide en rêve des deux sentiments opposés que me fait éprouver l'idée que sa persécutrice ne parviendra sans doute pas à l'atteindre rend compte de ce qui peut subsister de ma rancune pour elle et de ma faiblesse pour elle, ce premier sentiment, sous sa forme active étant d'ailleurs aussitôt combattu, refoulé et entraînant, j'imagine, dans le sommeil, quelque mouvement réel qui explique une modification sensible dans la suite des idées.

Le choix des cravates : Ce mouvement rend possible, en effet, le passage au magasin de cravates. Le rêve utilise, pour cette transition, le fait que, cette nuit-là, j'avais mal à la gorge, je toussais et avais dû, avant de me coucher, me couvrir d'ouate thermogène, ce qui m'avait conduit, pour la maintenir en place, à fermer, contrairement à mon habitude, le col de mon pyjama. Une sensation d'étranglement plus ou moins vague avait dû en résulter. Il n'est pas douteux que j'aie un « complexe » sur les cravates. Je déteste cet ornement incompréhensible du costume masculin. Je me reproche de temps à autre de sacrifier à un aussi pauvre usage que celui de nouer chaque matin devant une glace (j'essaie d'expliquer aux psychanalystes) ce bout d'étoffe qui doit rehausser d'un rien très attentif l'expression déjà idiote du veston à revers. C'est, tout simplement, déconcertant. Je n'ignore pas, par ailleurs, et suis bien incapable de me dissimuler que, de même que les appareils à sous, sœurs du dynamomètre sur lequel s'exerce victorieusement le Surmâle de Jarry (« Venez, Madame ») symbolisent sexuellement — la disparition des jetons par la fente — et métonymiquement — la partie pour le tout — la femme, de même la cravate, et ceci ne serait-ce que d'après Freud, figure le pénis, « non seulement parce qu'elle pend et parce qu'elle est particulière à l'homme, mais parce qu'on peut choisir à son gré, choix que la nature interdit malheureusement à l'homme » (*La Science des Rêves*).

Cette question de la liberté de choix, du *Free Play*, inutile de le rappeler, résume la préoccupation essentielle du rêve. Au cours d'une « enquête sur la sexualité », conçue sous une forme analogue à celle dont les résultats ont naguère été publiés dans *La Révolution Surréaliste*, et de laquelle a également été dressé un procès-verbal demeuré depuis lors inédit, Benjamin Péret et moi avons été, je me souviens, les seuls à déclarer que nous évitions autant que possible, hors de l'état d'érection, d'être vus nus par une femme, ceci entraînant pour nous certaines idées d'indignité. Ce complément d'information me paraît dû aux psychanalystes que révolterait le terre-à-terre de mon interprétation. Entre autres déterminations moins exaltantes, je crois devoir signaler que, quelques jours plus tôt, à Malamaire (Alpes-Maritimes), j'avais oublié et, comme je pouvais craindre alors, perdu une écharpe qui m'avait été donnée et à laquelle je tenais. A l'hôtel Reine des Alpes où j'habitais alors, hôtel tenu par des gens assez inquiétants, un enfant de l'âge du premier vendeur de cravates du rêve était employé à diverses corvées.

La cravate vert sombre : Je possède en réalité une cravate un peu semblable, objet qui n'est associé, à ma connaissance, à rien de particulier. Cependant, je crois avoir, ces dernières années, aimé et recherché le vert dans les étoffes d'habillement. Cette cravate, que j'ai dû beaucoup porter, est maintenant usée.

49

La chemise rouge : J'arbore en effet depuis peu une chemise de cette couleur.

Nosferatu : Le 25 au soir, il y avait assez loin sur ma gauche, dans la salle à manger, un dîneur sur qui j'attirai l'attention de Sadoul. Ce monsieur, à l'œil très éteint, ne pouvait guère être qu'un professeur (d'université, sans doute assez méchant, pensait Sadoul). Son teint était ce qui avait d'abord retenu mon regard. Il me faisait, par son visage, comme j'ai dit alors, l'effet d'un dessin *gommé* sur lequel le crayon, pour permettre de situer les yeux, la barbe, se fût seulement un peu écrasé de place en place. Je songeai, d'une part, au professeur type de philosophie réactionnaire à qui ne cesse de s'en prendre Lénine dans *Matérialisme et Empiriocriticisme* et, mieux sans doute que par simple association d'idées avec la personne désignée sous le nom de « la dame au gant » dans *Nadja*, à qui sa femme, assise près de lui, pouvait passer pour ressembler, d'autre part à M. F., directeur de laboratoire à l'Institut Pasteur, qui, au physique, pour un homme de science, m'a toujours paru singulièrement indécis. (J'étais d'ailleurs, depuis plusieurs jours, le jouet de diverses ressemblances, imaginaires ou non, comme cela peut, je crois, se produire lorsque après un trop grand isolement du monde, on se trouve mêlé à un certain nombre d'inconnus. La ressemblance physique ne se semble pas, du reste, opérer seule. C'est ainsi qu'un habitué de l'hôtel m'avait paru, du premier jour, pouvoir être désigné sous le nom de Riaza-

50

nov, sans que je me rappelle avoir jamais eu l'occasion de me figurer les traits de ce dernier). M. F., en tant que personnage « effacé », pour donner Nosferatu, me semble ici être entré en composition avec cette phrase lue le même jour au dos d'un cahier d'écolier sur lequel j'avais pris des notes : « La tribu des Ruminants à cornes velues comprend les ruminants dont les cornes consistent en une proéminence de l'os du crâne, enveloppée d'une peau velue qui se continue avec celle de la tête et qui ne tombe jamais ; on n'en connaît qu'une espèce, la *Girafe* » (confusion avec l'oreille velue de Nosferatu — il est à signaler, d'autre part, que le choix de ce cahier et de quelques autres, un jour plus tôt, intervient encore comme élément surdéterminant dans le choix des cravates — la hauteur insolite du cou chez la girafe est utilisée ici comme moyen de transition pour permettre l'identification symbolique de la girafe et de la cravate au point de vue sexuel). Une chauve-souris circulant chaque soir sous les arcades de l'hôtel n'a pu manquer de parachever le personnage du vampire. Son entrée en scène est enfin justifiée par l'aspect de certains paysages des Basses-Alpes à la tombée de la nuit, assez semblables à ceux dans lesquels se déroule le film et qui, quelques jours plus tôt, m'avaient fait évoquer dans la conversation la phrase que je n'ai jamais pu, sans un mélange de joie et de terreur, voir apparaître sur l'écran : « Quand il fut de l'autre côté du pont, les fantômes vinrent à sa rencontre. » On découvre ici le pont, d'ailleurs symbole sexuel des plus clairs, pour la seconde fois.

Le vendeur craint qu'il n'en reste plus aucun spécimen : Allusion à la disparition longtemps déplorée du négatif du film et à la crainte que la copie en circulation ne devienne prochainement inutilisable.

Description de la cravate Nosferatu : La jeune femme dont j'ai parlé, à propos de la table rectangulaire du rêve, est revenue le mardi prendre le thé à la terrasse de l'hôtel. Elle était, cette fois, vêtue en paysanne allemande (la veille elle lisait des livres en allemand) et nous avons pensé, Sadoul et moi, qu'elle ne pouvait être que la femme d'un ingénieur occupé à la construction de barrages sur le Verdon. Vers six heures, après avoir déplacé sans grand agrément sous nos yeux les pièces d'un petit échiquier et fait mine de se tirer les cartes, elle était partie, comme nous avions supposé en la voyant traverser la place, à la rencontre de son mari et je l'avais perdue de vue au tournant du petit pont de Demandolx, situé immédiatement derrière cette place, pont sur lequel je ne m'étais pas engagé. Au moment où j'avais songé la veille à lier conversation avec elle, je m'étais représenté vivement la difficulté que j'eusse éprouvée à l'entretenir dans sa langue, difficulté d'autant plus surprenante pour elle qu'elle pouvait avoir déchiffré en passant près de moi les noms des auteurs allemands des ouvrages que je lisais. Le rêve, encore une fois, réalise simultanément ici deux sortes de désirs, le premier étant celui de parler librement à cette femme, le second celui de supprimer toute cause d'incompréhension, patriotiquement exploitable, entre la France où je vis et le merveilleux pays, tout de pensée et de lumière, qui a vu naître en un siècle Kant, Hegel, Feuerbach et Marx. La substitution de fleuves, d'un tracé particulièrement lâche, à la frontière de l'est sur la carte ne peut ici être interprétée que comme nouvelle invitation à *passer le pont*, cette volonté si insistante du rêve continuant, bien entendu, par ailleurs, à me persuader de la nécessité pour vivre de me libérer des scrupules d'ordre affectif et moral qu'on a pu voir bouillonner en son centre. En d'autres termes, elle tend à me convaincre, puisque je vis, que personne n'est irremplaçable et cela pour la seule raison que cette idée est contraire à la vie.

La figuration assez inattendue du visage de Nosferatu sur les pointes de la cravate me donne à penser qu'elle est plus ou moins calquée sur celle d'un personnage qui se retrouve fréquemment dans les tableaux et les dessins de Salvador Dali, je veux parler du *Grand Masturbateur* que reproduit d'ailleurs, sous un aspect peu différent de l'aspect habituel, mon ex-libris. La ligne de maquillage de la tête du vampire paraît bien se confondre avec le bord de la paupière longuement ciliée et c'est très probablement celle-ci qui lui imprime dans le rêve son orientation flottante. D'autre part, au jeu de papier plié dit du « Cadavre exquis » qui consiste à faire dessiner par trois personnes successives les parties constitutives d'un personnage sans que la seconde puisse tenir compte de la collaboration de la première, la troisième de celle de la première et de la seconde (Cf. *Variétés*, juin 1929, *La Révolution surréaliste*, n° 10), il m'est arrivé de donner la carte de France pour tête à l'un des êtres hybrides qu'on voulait obtenir.

Le demi-tour à droite : Il est à prendre pour une véritable rectification de position, sans doute dans le sens où Stekel interprète dans le rêve le chemin de droite : route du bien.

Le pseudo-Cachin : Il procède évidemment du faux Riazanov.

Le voyage en Allemagne : A ce voyage s'applique la plus grande partie de ce qui vient d'être dit relativement au désir de passer le pont. Il est clair que l'éveil approche et, avec lui, l'idée des réalisations sur le plan pratique. La proposition du sujet de conférence, avec l'indication de raillerie qu'elle provoque, l'entrée de Vaillant-Couturier avec qui j'ai eu, l'hiver dernier, une longue conversation sur l'utilisation possible des surréalistes par le P. C., conversation de sa part assez surveillée, ne sont pas sans témoigner d'un certain retour au sens critique.

J'ai retrouvé un peu d'argent : Les déboires dont il a été question plus haut ont momentanément pris fin.

On emmènera B... et René Clair : La raillerie se poursuit, à coup sûr, aux dépens du premier, personnage littéraire inconsistant, véritable « fantôme » de qui le rêve s'empare sans doute pour rappeler que X m'a conté naguère qu'il avait un « ventre en argent », l'argent dont il vient d'être question dans le rêve ayant lui-même fait réapparaître X, mais cette fois tout à fait à la cantonade, pour bien signifier que le « pont » est passé. René Clair (si c'est lui) intervient parce que mêlé d'une manière tout extérieure à la réalisation d'un film dont le scénario, d'Aragon et moi, devait être repris d'un sujet d'opéra, conçu primitivement en vue d'une représentation à Berlin. Le rêve prête ici aux organisateurs du voyage l'intention de limiter sciemment, en l'obligeant à se situer sur le plus vague plan artistique, l'action révolutionnaire que je voudrais mener.

Le thème de la conférence : Il exprime mon désir de ne pas être pris au dépourvu, de parvenir à concilier sur le plan objectif mes diverses préoccupations, ce désir, qui devient de plus en plus aigu, m'invitant à entreprendre d'urgence un travail que j'ai remis à regret depuis trop longtemps.

On m'accordera, j'espère, que l'analyse précédente, qui suit pas à pas le contenu manifeste de ce rêve, limitée qu'elle est, il est vrai, par la non-reconstitution de la scène infantile dont il procède très vraisemblablement pour une part, mais dont le rappel ne présenterait ici qu'un intérêt secondaire, ne laisse de côté aucun des éléments plus ou moins récents qui ont pu contribuer à sa formation. Les carrefours qu'il présente ont été, je crois, explorés en tous sens et aucune préférence exclusive n'est venue se manifester de ma part en ce qui concerne la prééminence à accorder à tel ou tel ordre de détermination (objective, subjective, organique ou psychique). Une telle interprétation, dont on peut dire qu'elle n'est jamais *finie*, me paraît de nature à éclairer d'une manière suffisante la pensée du rêve, que je ne crois pas avoir cherché le moins du monde à dérober derrière ma vie intime. J'insiste très vivement sur le fait qu'elle *épuise*, selon moi, le contenu du rêve et réduit à néant les diverses allégations qui ont pu être portées sur le caractère « inconnaissable » (incohérent) de celui-ci... Nul mystère en fin de compte, rien qui soit susceptible de faire croire, dans la pensée de l'homme, à une intervention transcendante qui se produirait au cours de la nuit. Je ne vois rien dans tout l'accomplissement de la fonction onirique, qui n'emprunte clairement, pour peu qu'on veuille se donner la peine de l'examiner, aux seules données de la *vie vécue*, rien qui, je ne saurais y revenir trop de fois, soustraction faite de ces données sur lesquelles s'exerce poétiquement l'imagination, puisse constituer un *résidu* appréciable qu'on tenterait de faire passer pour irréductible. Du point de vue du merveilleux poétique : quelque chose peut-être ; du point de vue du merveilleux religieux : absolument rien.

L'analyse précédente a montré que, contrairement à ce que le contenu manifeste du rêve tend à faire apparaître comme préoccupation principale, la trouvaille de la cravate répondant d'ailleurs bien réellement au goût que je puis avoir de découvrir et même de posséder toutes sortes d'objets bizarres, d'objets « surréalistes », l'*accent* est, en réalité, posé ailleurs et, tout particulièrement, comme on l'a vu, sur la nécessité de rompre avec un certain nombre de représentations affectives, de caractère paralysant. Sous une forme des plus impératives, le rêve, dans le récit duquel l'idée de passage de pont n'est pas exprimée mais, par contre, est suggérée d'au moins trois manières et portée au premier plan de l'interprétation par les acteurs les plus marquants : X, Nosferatu, la jeune Allemande, personnage de simple fixation que, du reste, on ne voit pas, le rêve, dis-je, m'engage à éliminer et, peut-on dire, élimine pour moi la part consciemment la moins assimilable du passé. J'affirme ici son utilité capitale, qui n'est point d'agrément aussi vain que d'aucuns ont voulu faire croire, qui est mieux même que de simple cicatrisation, mais qui est de mouvement au sens le plus élevé du mot, c'est-à-dire au sens pur de contradiction réelle qui conduit en avant. A la très courte échelle du jour de vingt-quatre heures, il aide l'homme à accomplir le *saut vital.* Loin d'être un trouble dans la réaction de l'intérêt de la vie, il est le principe salutaire qui veille à ce que cette réaction ne puisse être irrémédiablement troublée. Il est la source inconnue de lumière destinée à nous faire souvenir qu'au commencement du jour comme au commencement de la vie humaine sur la terre il ne peut y avoir qu'une ressource, qui est l'*action*.

Je crois avoir montré en passant, lorsque j'ai fait valoir la liaison qui existait entre le rêve-prologue et le rêve principal, que les relations causales, ici, n'étaient aucunement supprimées. Le travail d'interprétation, qui a permis de saisir la transformation plus ou moins immédiate de certaines images (le visage de Nosferatu, la carte, B..., etc.) ne laisse subsister à cet égard aucun doute. Il est, en effet, bien entendu que, d'une part, le rêve ne dispose d'aucun terme pour exprimer l'alternative ni la contradiction (« Même dans l'inconscient, note Freud, toute pensée est liée à son contraire ») et que, d'autre part, dans la veille même, au point de vue dialectique qui doit à tout prix surmonter le point de vue de la logique formelle, « les notions de cause et d'effet se concentrent et s'entrelacent dans celle de l'interdépendance universelle au sein de laquelle la cause et l'effet ne cessent de changer de place » (Engels). Cette seule considération me paraîtrait de nature à faire justice des théories selon lesquelles le rapport causal dans le rêve serait introduit après coup.

Reste à savoir si l'espace et le temps, tenus par la philosophie matérialiste non pour simples formes des phénomènes, mais pour conditions essentielles de l'existence réelle, subissent au cours du rêve une crise particulière, qui pourrait au besoin être exploitée aux dépens de cette philosophie. La thèse de Fechner selon laquelle « la scène du rêve n'est pas la même que celle où se déroulent nos représentations pendant la veille », celle de Haffner selon laquelle la première caractéristique du rêve serait l'« absence de temps et d'espace » seraient, à elles seules, pour nous rendre conscients de ce danger. C'est là, à n'en pas douter, pure et simple méprise sur le caractère du travail de *condensation*, tel qu'il s'exerce dans le rêve, ou volontairement abus commis à partir de ce qui peut, malgré tout, rester obscur dans les particularités de ce travail. Que je sois amené, au cours d'un seul rêve, à faire intervenir les divers personnages qui peuplaient la scène tout à l'heure et qui n'ont dans la vie, hors de moi, précisément aucune raison d'agir d'une manière interdépendante, témoigne du besoin inhérent au rêve de *magnifier* et de *dramatiser*, autrement dit de présenter sous une forme théâtrale des plus intéressantes, des plus frappantes, ce qui s'est en réalité conçu et développé assez lentement, sans heurts trop appréciables, de sorte que la vie organique puisse se poursuivre. Peut-être même y a-t-il là, puisque je parle théâtre, de quoi justifier dans une certaine mesure la règle des *trois unités*, telle qu'elle s'est imposée curieusement à la tragédie classique et cette loi de l'*extrême raccourci* qui a imprimé à la poésie moderne un de ses plus remarquables caractères. Entre ces deux tendances à résumer sous une forme succincte, brillamment concrète, ultra-objective, tout ce à quoi l'on veut imposer et faire imposer telle ou telle espèce de dénouement, il ne doit y avoir que la distance historique de trois siècles, passés par l'homme à épiloguer de mieux en mieux sur son sort et à vouloir faire épiloguer de même les hommes futurs. Ce travail de condensation s'opère, d'ailleurs, à chaque instant, dans la vie éveillée : « Il a toujours été entendu que, aussi bien à l'état de veille que dans le rêve, une émotion intense implique la perte de la notion du temps » (Havelock Ellis). Le temps et l'espace ne sont à considérer ici et là, mais *pareillement ici et là*, que sous leur aspect dialectique, qui limite toute possibilité de mensuration absolue et vivante au mètre et à l'horloge, cela soit dit en parfait accord avec la pensée de Feuerbach : « Dans l'espace, la partie est plus petite que tout ; dans le temps, au contraire, elle est plus grande, du moins subjectivement, parce que la partie dans le temps est seule réelle, tandis que le tout n'est qu'un objet de la pensée et qu'une seconde dans la réalité nous paraît durer plus longtemps qu'une année entière dans l'imagination. » Le temps et l'espace du rêve sont donc bien le temps et l'espace réels : « La chronologie est-elle obligatoire ? Non ! » (Lénine). Toute tentative faite pour les différencier de ceux-ci ou pour ruiner ceux-ci à l'aide de ceux-là (ou de l'absence soi-disant constatée de ceux-là) n'a pour objet que de voler au secours du fidéisme, comme l'a dit, en effet, Engels, « les êtres en dehors du temps et de l'espace créés par les clergés et nourris par l'imagination des foules ignorantes et opprimées [n'étant] que les produits d'une fantaisie maladive, les subterfuges de l'idéalisme philosophique, *les mauvais produits d'un mauvais régime social* ».

Entendons-nous sans plus tarder sur la nature de ces êtres. Il importe avant tout de les distinguer d'un certain nombre de constructions poétiques, artistiques qui, du moins extérieurement, paraissent se soustraire aux conditions d'existence naturelle de tous les autres objets. Pour m'en tenir au domaine plastique, je n'aurai qu'à donner pour exemples de ces « monstres », outre *Le Grand Masturbateur* de Dali dont j'ai déjà parlé, *Le Joueur de Clarinette* de Picasso, *Le Vaticinateur* de Chirico, *La Mariée* de Duchamp, *La Femme 100 Têtes* d'Ernst, tel étrange personnage en mouvement de Giacometti. Le caractère bouleversant de ces diverses productions, joint à la tendance remarquable qu'elles ont depuis une vingtaine d'années, dans tous les pays du monde, à se multiplier, ceci du reste avec plus ou moins de bonheur, mais, à coup sûr, en dépit de l'opposition quasi générale qu'elles rencontrent, est bien pour nous faire réfléchir sur la nécessité très particulière à laquelle elles peuvent répondre au XXe siècle. J'estime que c'est grandement à tort qu'on s'efforce de leur trouver des antécédents dans l'histoire, du côté des primitifs et des mystiques. Ces diverses figures, dont le premier aspect révoltant ou indéchiffrable en impose au profane pour des créations ésotériques, ne peuvent en rien, pourtant, être mises sur le même plan que les êtres imaginaires enfantés par la terreur religieuse et échappés à la raison plus ou moins troublée d'un Jérôme Bosch ou d'un William Blake. Rien, en ces figures, qui puisse finalement se soustraire à une interprétation analogue à celle que j'ai fait porter sur cet objet de rêve : la cravate « Nosferatu », et ceci pourvu que l'artiste ne commette l'erreur de confondre le mystère réel, persistant, de son œuvre avec de misérables cachotteries, ce qui par malheur est assez souvent le cas. La théorie variable qui préside à la naissance de cette œuvre, quelle qu'elle soit, et si capable qu'elle soit de justifier *a posteriori* tel ou tel mode de présentation (cubisme, futurisme, constructivisme, surréalisme — cette dernière toutefois un peu plus consciente des véritables moyens artistiques que les précédentes) ne doit pas nous faire oublier que des préoccupations rigoureusement personnelles à l'auteur, mais liées dans leur essence à celles de tous les hommes, trouvent ici moyen de s'exprimer sous une forme détournée, de sorte que si l'on nous permettait de remonter jusqu'à elles c'en serait aussitôt fait de la dernière chance qu'a cette œuvre, aux yeux mal exercés, de se faire passer pour « métaphysique ». Je me trouve dans l'obligation, pour ne pas alourdir cette partie de mon développement, de renoncer à soumettre à l'interprétation, comme je l'ai fait pour un rêve, un poème que je pourrais avoir écrit, ou à plus forte raison, un texte surréaliste. J'espère que l'expérience sera tentée et je ne doute pas qu'elle soit absolument concluante. Je me bornerai ici à donner les pires éclaircissements sur la signification réelle que je prête depuis seulement quelques jours à un objet que j'avais conçu au cours du jeu du « Cadavre exquis », dont j'ai été amené, il y a quelques pages, à exposer la règle enfantine. Cet objet-fantôme, qui n'avait pas cessé depuis lors de me paraître susceptible d'exécution, et de l'aspect réel duquel j'attendais une assez vive surprise, peut se définir comme suit (je l'avais dessiné, tant bien que mal, en guise de buste, sur le second tiers du papier ; ce dessin a été reproduit dans le n° 9-10 de *La Révolution surréaliste*) : une enveloppe vide, blanche ou très claire, sans adresse, fermée et cachetée de rouge, le cachet rond sans gravure particulière, pouvant fort bien être un cachet *avant* la gravure, les bords piqués de *cils,* portant une *anse* latérale pouvant servir à la tenir. Un assez pauvre calembour, qui avait toutefois permis à l'objet de se constituer, fournissait le mot *Silence,* qui me paraissait pouvoir lui servir d'accompagnement ou lui tenir lieu de désignation. Voilà, me semble-t-il, un produit d'imagination qui, de prime abord, ne doit pouvoir tirer à conséquence : libre à moi de me procurer par sa réalisation pratique telle émotion qui me plaît, le partage qui voudra. Tout au moins se présente-t-il dans des conditions de « gratuité » suffisante pour que nul ne songe à me l'imputer moralement à grief. Si l'on peut contester l'intérêt objectif d'une telle conception et, surtout, la valeur utilitaire d'une telle réalisation, comment pourrait-on, sans supplément d'information, me reprocher d'y avoir tenu ou seulement apercevoir les raisons qui m'auront fait y tenir ? Il s'agit bien là d'un objet *poétique*, qui vaut ou ne vaut pas sur le plan des images *poétiques*, et de rien autre. Toute la question revient à savoir quel est ce plan. Si l'on songe à l'extraordinaire force que peut prendre dans l'esprit du lecteur la célèbre phrase de Lautréamont : « Beau... comme la rencontre fortuite sur une table de dissection d'une machine à coudre et d'un parapluie » et si l'on veut bien se reporter à la clé des symboles sexuels les plus simples, on ne mettra pas longtemps à convenir que cette force tient à ce que le parapluie ne peut ici représenter que l'homme, la machine à coudre que la femme (ainsi, du reste, que la plupart des machines, avec la seule aggravation que celle-ci, comme on sait, est fréquemment utilisée par la femme à des fins onanistes) et la table de dissection que le lit, commune mesure lui-même de la vie et de la mort. Le contraste entre l'acte sexuel immédiat et le tableau d'une extrême dispersion qui en est fait par Lautréamont provoque seul ici le saisissement. Il y a lieu, dans ces conditions, de se demander si l'« enveloppe-silence », pour indifférente et toute capricieuse qu'elle se donne, ne dissimule pas certaines préoccupations foncières, ne témoigne pas, en d'autres termes, d'une activité psychique moins désintéressée. Je ne crois pas avoir grande précaution à prendre pour m'expliquer à ce sujet. Il me paraît, en effet, démontré que le contenu manifeste d'une improvisation poétique, tout comme d'un rêve, ne doit pas nous faire augurer de son contenu latent, tel rêve innocent ou gracieux (« Pendant son séjour d'été au lac de... elle se précipite dans l'eau sombre, là où la lune pâle s'y reflète ») pouvant nécessiter, à l'analyse, toutes sortes de gloses moins séduisantes, alors que tel rêve d'aspect « choquant » (cf. *La Science des Rêves*, p. 419) est susceptible d'une interprétation qui n'exclut pas toute élégance. C'est en redessinant il y a quelques jours l'« enveloppe-silence » que j'ai conçu les premières craintes relativement à la pureté parfaite de son intention. J'ai beau ne pas savoir me servir d'un crayon, il faut avouer que l'objet ainsi traité se présentait assez mal. Comme je le regardais un peu de travers, il me sembla que le schéma que j'en donnais tendait terriblement à la figuration d'autre chose. Cette anse, en particulier, me faisait assez mauvais effet. Les cils, à tout prendre, ainsi distribués comme autour d'un œil, n'étaient guère plus rassurants. Je songeai malgré moi à l'absurde plaisanterie — de quelle origine, au fait? — qui a fait figurer cet œil au fond de certains vases, à anse précisément. Le mot « silence », l'emploi de papier dans la construction de l'objet, j'ose à peine parler du sceau rouge, n'étaient amenés à prendre, dans ces conditions, qu'un sens trop clair. La condensation et le déplacement, produits de la censure, avaient fait le reste. Je n'eus plus, pour achever de me convaincre, qu'à placer par la pensée l'enveloppe-fantôme dans la main d'un fantôme qui l'eût tenue comme elle pouvait l'être, et à constater qu'elle n'y était en rien déplacée. Je n'avais fait, somme toute, que vérifier pour mon compte que les fantômes (de même que les brigands imaginaires dont l'homme adulte persiste quelquefois à avoir peur), comme l'a dit Freud, ne sont autre chose que, sublimés, « les visiteurs nocturnes en vêtements de nuit blancs, qui ont éveillé l'enfant pour le mettre sur le vase, afin qu'il ne mouille pas son lit, ou qui ont soulevé les couvertures pour voir comment il tenait ses mains en dormant ». Inutile de dire que pour moi de telles considérations ne sauraient en rien militer contre la mise en circulation d'objets de cet ordre, que depuis longtemps je n'ai cessé de préconiser. J'ajoute même que ce serait plutôt le contraire. Tout récemment encore, j'ai insisté auprès de mes amis pour que fût donné suite à la proposition de Dali, concernant la fabrication d'objets animables à signification érotique, autrement dit d'objets destinés à procurer, par des moyens indirects, une émotion sexuelle particulière. Plusieurs d'entre eux ont été reproduits dans le troisième numéro du *Surréalisme A.S.D.L.R.* A en juger par ceux que je connais déjà, je crois pouvoir dire, sans par là formuler la moindre réserve sur leur valeur explosive ou sur leur « beauté », qu'ils livrent à l'interprétation une étendue moins vaste, comme on pouvait s'y attendre, que les objets dans le même sens moins systématiquement déterminés. L'incorporation volontaire du contenu latent — arrêté d'avance — au contenu manifeste est ici pour affaiblir la tendance à la dramatisation et à la magnification dont se sert souverainement, au cas contraire, la censure. Sans doute enfin de tels objets, d'une conception trop particulière, trop personnelle, manqueront-ils toujours de l'étonnante puissance de suggestion dont certains objets presque usuels se trouvent par hasard disposer, n'en prendrais-je pour exemple que l'électroscope à feuilles d'or (les deux feuilles sont parfaitement jointes au centre d'une cage, on approche un bâton frotté, les feuilles s'écartent) qui ne contribue pas peu à passionner pour les enfants l'étude de la physique.

Pour en avoir fini avec l'argumentation qui s'efforce de faire, au moyen du rêve, le procès de la connaissance matérialiste, il ne reste plus — étant, je pense, admis que le monde du rêve et le monde réel ne font qu'un, autrement dit que le second ne fait, pour se constituer, que puiser dans le « torrent du donné » — qu'à tenter de faire apercevoir sur quelles différences de relief et d'intensité repose la distinction qui peut être faite entre les opérations véritables et les opérations illusoires qui s'inscrivent respectivement dans l'un et dans l'autre, de cette distinction très précise dépendant, de toute évidence, l'équilibre mental. Si la moindre confusion durable se produit en lui à ce sujet, l'homme, en effet, se trouve suffisamment désaxé pour qu'aucune société ne puisse plus lui faire place. Il y a lieu, dans ces conditions, de se demander si cette distinction est en tous points fondée, et d'où vient à l'homme, à cet égard, la faculté de discrimination qui permet son comportement social normal. On a beaucoup entendu reparler, ces dernières années, de quelques-unes des propriétés les plus singulières, peut-être à première vue les plus troublantes, du rêve. Le critérium sensoriel, populairement invoqué, selon lequel, pour vérifier qu'on ne rêve pas, il suffirait de se pincer pour éprouver la douleur particulière attachée au pincement, ne s'est pas révélé infaillible : maint rêveur ayant pu se rappeler que, dans le sommeil, il était parvenu avec plein succès à opérer cette vérification. De même, il est relativement commun de rêver qu'on rêve ou d'introduire dans le rêve une partie d'allure indépendante qui est, à l'exception du reste, tenue pour rêvée. Enfin la poésie du rêve, qui ne recule devant aucune appréciation subtile, maligne, égarante de son propre travail, est susceptible de se comparer elle-même à l'idée que le rêveur peut se faire d'elle-même, pour tirer avantage de cette comparaison. Cette particularité n'ayant, à ma connaissance, pas été notée et admise jusqu'ici, je me permets d'en donner l'exemple suivant.

Contrairement à ce qui m'a paru nécessaire pour le rêve de la cravate, je ne ferai d'ailleurs, afin de ne pas distraire inutilement le lecteur, que relater celui-ci dans ses grandes lignes, en me bornant à souligner la partie la plus spéciale qui nous intéresse.

Rêve du 5 avril 1931. — Réveil 6 h 30 du matin. — Notation immédiate :

Le soir, avec un ami, nous dirigeant vers un château qui serait aux environs de Lorient [1]. Sol détrempé. Eau bientôt jusqu'à mi-jambes, cette eau de couleur crème, avec des traces de vert d'eau, d'un aspect louche et pourtant très agréable. Beaucoup de lianes au-dessus desquelles file un admirable poisson en forme de fuseau crêté, d'un éclat pourpre et feu très métallique. Je le poursuis mais, comme pour me narguer, il accélère son allure tout en fuyant vers le château. Je crains de tomber dans un trou. Sol plus sec. Je lui lance une pierre qui ne l'atteint pas ou qui l'atteint au front. A sa place, c'est maintenant une femme-oiseau qui me renvoie la pierre. Celle-ci tombe dans l'écartement de mes pieds, ce qui m'effraie et me fait renoncer à ma poursuite.

Les dépendances du château. Un réfectoire. C'est qu'en effet nous sommes venus « pour le haschisch [2] ». Beaucoup d'autres gens sont là pour la même raison. Mais voilà, s'agit-il bien de véritable haschisch ? Je

1. Ville où habitent mes parents.
2. Je n'ai pris en réalité de haschisch qu'une fois, il y a plusieurs années, en très petite quantité.

commence par en absorber la valeur de deux cuillerées (un peu rousses, pas assez vertes à mon gré) dans deux petits pains ronds et fendus analogues à ceux qu'on sert pour le petit déjeuner en Allemagne. Je ne suis pas très fier de la manière dont je me le suis procuré. Les serviteurs qui m'entourent se montrent assez ironiques. Le haschisch qu'ils m'offrent, quoique plus vert, n'a toujours pas précisément le goût que je connais.

Chez moi, le matin. Chambre semblable à la mienne mais qui va s'agrandissant. Il fait encore sombre. De mon lit je distingue dans l'angle gauche deux petites filles d'environ deux et six ans, en train de jouer. Je sais que j'ai pris du haschisch et que leur existence est purement hallucinatoire. *Nues toutes deux elles forment un bloc blanc, mouvant, des plus harmonieux.* C'est dommage que j'aie dormi, l'effet du haschisch va sans doute bientôt cesser. *Je parle aux enfants et les invite à venir sur mon lit, ce qu'elles font.* Quelle impression extraordinaire de réalité! Je fais observer à quelqu'un, *qui doit être Paul Éluard,* que je les touche (et en effet je me sens serrer dans la main leur avant-bras près du poignet), que ce n'est plus du tout comme en rêve où la sensation est toujours plus ou moins émoussée, où manque on ne sait quel élément indéfinissable, spécifique de la sensation réelle, où ce n'est jamais parfaitement comme lorsqu'on se pince, se serre « pour de bon ». Ici, par contre, il n'y a aucune différence. C'est la réalité même, la réalité absolue. La plus petite des enfants, qui s'est assise à califourchon sur moi, pèse exactement sur moi de son poids, que j'évalue, qui est bien le sien. Elle existe donc. Je suis, en faisant cette constatation, sous une impression merveilleuse *(la plus forte que j'aie atteinte au rêve). Sexuellement pourtant, je ne prends aucun intérêt à ce qui se passe. Une sensation de chaleur et d'humidité sur la gauche me tire de mes réflexions. C'est l'une des enfants qui a uriné. Elles disparaissent simultanément.*

Entrée de mon père. Le parquet de la pièce est jonché de petites mares presque sèches et seulement encore brillantes sur le bord. Au cas où l'on me ferait une remarque à ce sujet, je songe à accuser les petites filles. Mais à quoi bon si elles n'existent pas, plus exactement si je ne puis rendre compte de leur existence à quelqu'un qui n'a pas pris de haschisch? Comment justifier l'existence « réelle » de ces mares? *Comment me faire croire? Ma mère, très mécontente, prétend que tout son ameublement a, naguère, été souillé ainsi, par ma faute, à Moret* [1]. *Je suis de nouveau seul et couché. Tout sujet d'inquiétude a disparu. La découverte de ce château me paraît providentielle. Quel remède contre l'ennui! Je songe, avec ravissement, à l'étonnante netteté de l'image de tout à l'heure. Aussitôt voici les petites filles qui se reforment au même point,* elles prennent vite une intensité terrifiante. Je sens que je deviens fou. Je demande à tue-tête qu'on allume. Personne ne m'entend.

Stekel, cité par Freud, semble avoir été le premier à dégager le sens de l'utilisation du rêve dans

1. Ville où elle n'a jamais habité.

le rêve, autrement dit à réduire à sa juste valeur cette opération de l'esprit qui se révèle, à l'analyse, n'avoir d'autre but que d'enlever à une partie du rêve son caractère de réalité trop authentique. Il s'agit, en pareil cas, d'un souvenir réel de nature à entraver l'accomplissement du désir et qui subit une dépréciation nécessaire, destinée à permettre dans les meilleures conditions cet accomplissement. C'est là la négation formelle d'un fait qui a eu lieu, mais qui doit être à tout prix surmonté, le produit d'une véritable *dialectisation* de la pensée de rêve qui, pressée d'arriver à ses fins, en est quitte pour briser les derniers cadres logiques. Telle chose qui a été doit être jugée comme si elle n'avait pas été, *elle doit être emportée, au réveil, par l'oubli*. Or, même si l'interprétation à laquelle j'ai pu me livrer du rêve que je viens de relater n'était pas pour l'établir si clairement, il serait aisé de penser que ce rêve, qui se présente comme la contrepartie exacte de ceux dont il vient d'être question, en ce sens qu'y est insérée une partie de rêve considérée comme éminemment irrêvable, a pour objet de faire d'une chose qui n'a pas été — mais qui a été ressentie violemment comme ayant pu être, par suite comme pouvant et devant être — une chose qui a été, qui est donc en tous points possible et qui doit passer, sans heurt, à la vie réelle comme *toute-possibilité*. Je ne crois pas avoir, après tout ce qui vient d'être dit, à mettre le lecteur en garde contre l'idée grossière que la satisfaction cherchée pourrait être ici en rapport direct avec la vue ou le contact de petites filles, celles-ci, au même titre que la « cravate Nosferatu » du premier rêve, ne répondant à aucune réalité objective et ne devant leur intensité remarquable qu'à une détermination particulièrement riche (dans la veille immédiate) et par suite au fait que c'est leur formation qui, dans le rêve, a exigé le plus grand travail de condensation.

Comme on le voit, la querelle ultime que l'on chercherait au matérialisme en lui opposant ces derniers faits que sont le rêve conscient de lui-même, l'insertion d'un rêve conscient dans un rêve non conscient, le rêve qui se donne, avec preuves « palpables », pour réalité vécue, serait aussi vaine que les précédentes. Rien ne pourra faire que l'homme, placé dans des conditions non pathologiques, hésite à reconnaître la réalité extérieure où elle est et à la nier où elle n'est pas. Par opposition à la « cravate » et aux « deux enfants nues », les objets extérieurs qui nous entourent « sont réels en ce que les sensations qu'ils nous ont fait éprouver nous apparaissent comme unies par je ne sais quel ciment indestructible et non par un hasard d'un jour » (Henri Poincaré). On sait que l'auteur de cette proposition ne s'en est pas toujours tenu à des considérations aussi justes et aussi claires. N'empêche que pour cette fois il a été parfaitement bien inspiré de nous fournir, entre les objets réels et tous les autres, cette base de discrimination que nous pouvons tenir, en dernière analyse, pour nécessaire et suffisante : *le critérium sensoriel soumis à l'épreuve du temps.* Il faudrait, pour que ce critérium ne fût pas valable, que le temps dans le rêve soit différent du temps dans la veille, et nous avons vu qu'il n'en était rien. Le « ciment » apparent qui unit, à l'exclusion de tous les autres, les objets réels doit donc bien, lui aussi, être considéré comme réel. Il fait partie objective du monde extérieur, *le reflet qu'en a l'homme étant l'habitude,* et c'est lui seul qui préside, pour ce monde, au prétendu mystère de son non-effacement.

II

« Une dame que j'avais aimée longtemps et que j'appellerai du nom d'Aurélia, était perdue pour moi. »

Gérard de Nerval : *Aurélia.*

Le 5 avril 1931, vers midi, dans un café de la place Blanche où mes amis et moi avons coutume de nous réunir, je venais de conter à Paul Éluard mon rêve de la nuit (le rêve du haschisch) et nous finissions, lui m'aidant, car il m'avait vu vivre le plus grand nombre des heures du jour précédent, de l'interpréter [1], lorsque mon regard rencontra celui d'une jeune femme, ou d'une jeune fille, assise en compagnie d'un homme, à quelques pas de nous. Comme elle ne paraissait pas autrement gênée de l'attention que je lui marquais, je la détaillai, de la tête aux pieds, très complaisamment, ou peut-être est-ce que d'emblée je ne parvins plus à détacher d'elle mon regard. Elle me souriait maintenant, sans baisser les yeux, ne sem-

1. Ce secours d'un témoin de notre vie de la veille est des plus précieux, non seulement en ce qu'il empêche la censure d'engager l'interprétant sur de fausses pistes, mais encore en ce que la mémoire de ce témoin est de nature à restituer la part des éléments réels la plus riche de signification, puisque c'est celle même qui tendait à être détournée. Pareillement, pour l'interprétation du rêve de la cravate, sans doute n'aurais-je pu tout à fait me passer de la collaboration de Georges Sadoul.

blant pas craindre que son compagnon lui en fît grief. Celui-ci, très immobile, très silencieux et dans sa pensée visiblement très éloigné d'elle — il pouvait avoir une quarantaine d'années — me faisait l'impression d'un homme éteint, plus que découragé, vraiment émouvant d'ailleurs. Je le vois encore assez bien : hâve, chauve, voûté, d'aspect très pauvre, l'image même de la négligence. Près de lui, cet être paraissait si éveillé, si gai, si sûr de soi et dans toutes ses manières si provocant que l'idée qu'ils vécussent ensemble donnait presque envie de rire. La jambe parfaite, très volontairement découverte par le croisement bien au-dessus du genou, se balançait vive, lente, plus vive dans le premier pâle rayon de soleil — le plus beau — qui se montrait de l'année. Ses yeux (je n'ai jamais su dire la couleur des yeux ; ceux-ci pour moi sont seulement restés des yeux clairs), comment me faire comprendre, étaient de ceux *qu'on ne revoit jamais.* Ils étaient jeunes, directs, avides, sans langueur, sans enfantillage, sans prudence, sans « âme » au sens poétique (religieux) du mot. Des yeux sur lesquels la nuit devait tomber d'un seul coup. Comme par un effet de ce tact suprême dont savent seulement faire preuve les femmes qui en manquent le plus, et cela en des occasions d'autant plus rares qu'elles se savent plus belles, pour atténuer ce qu'il pouvait y avoir de désolant dans la tenue de l'homme, elle était, comme on dit, mise elle-même avec la dernière simplicité. Après tout ce dénuement, si paradoxal fût-il, pouvait être réel. J'entrevis sans profondeur un abîme de misère et d'injustice sociales qui est, en effet, celui qu'on côtoie chaque jour dans les pays capitalistes. Puis je songeai qu'il pouvait s'agir d'artistes de cirque, d'acrobates, comme il n'est pas rare d'en voir circuler dans ce quartier. Je suis toujours surpris par ces couples qui, dans leur assemblage, paraissent échapper aux modes actuels de sélection : la femme trop belle manifestement pour l'homme, celui-ci, pour qui ce fut une nécessité professionnelle de se l'adjoindre, eu égard à cette beauté seule, épuisé par son travail propre plus dur, plus difficile. Cette idée, du reste, passagère, impossible à retenir, parce qu'on était le jour de Pâques et que le boulevard retentissait tout entier du bruit des cars promenant dans Paris les étrangers en visite. Il ne pouvait, en fin de compte, s'agir que de gens de passage, plus précisément d'Allemands, comme je le vérifiai par la suite. J'étais sûr, en les voyant partir, que la jeune femme, qui s'était attardée à regarder derrière elle, reviendrait le lendemain ou, en cas d'impossibilité, l'un des plus prochains jours.

J'étais mû, pour autant que je sache, à cette époque, par l'angoisse où me laissait la disparition d'une femme que je n'appellerai d'aucun nom, pour ne pas la désobliger, sur sa demande. Cette angoisse tenait essentiellement à l'impossibilité où je me trouvais de faire la part des raisons de caractère social qui avaient pu nous séparer, à jamais, comme alors je le savais déjà. Tantôt ces raisons occupaient tout le champ de ma connaissance, connaissance fort embuée d'ailleurs par le manque de trace objective de cette disparition même, tantôt, le désespoir l'emportant sur tout mode valable de considération, je sombrais dans l'horreur pure et simple de vivre sans savoir comment encore je pouvais vivre, comment je pourrais encore vivre. Je n'ai jamais tant souffert, c'est médiocre à dire, de l'absence d'un être et de la solitude que de sa présence ailleurs, où je n'étais pas, et de ce que je pouvais imaginer malgré tout de sa joie pour une vétille, de sa tristesse, de son ennui pour un ciel d'un jour, un peu trop bas. C'est la brusque impossibilité d'apprécier une à une les réactions de cet être par rapport à la vie extérieure qui m'a toujours le mieux précipité en bas de moi-même. Je ne conçois pas encore aujourd'hui que cela soit tolérable, je ne le concevrai jamais. L'amour, à le considérer du point de vue matérialiste, n'est aucunement une maladie inavouable. Comme l'ont fait observer Marx et Engels *(La Sainte Famille)*, ce n'est pas parce qu'il décourage la spéculation critique, incapable de lui assigner *a priori* une origine et un but, ce n'est pas parce que l'amour, pour l'abstraction, « n'a pas de passeport dialectique » (au mauvais sens de ce mot) qu'il peut être banni comme puéril ou comme dangereux. « Ce que la critique attaque ici, ajoutent Marx et Engels, ce n'est pas seulement l'amour, c'est tout ce qui est vivant, tout ce qui tombe directement sous les sens et est du domaine de l'expérience sensible, c'est en somme toute l'expérience matérielle dont on ne peut jamais établir à l'avance ni l'origine ni le but. » J'étais, dis-je, dans l'état d'un homme qui, croyant avoir tout fait pour conjurer le sort contraire à l'amour, devait se rendre à cette évidence que l'être qui lui avait été longtemps le plus nécessaire s'était retiré, que l'objet même qui, pour lui, avait été *la pierre angulaire du monde matériel* était perdu. Tour à tour j'avais considéré cet objet dans son manque d'équilibre social assez particulier, je m'étais considéré dans le mien. Cela n'avait abouti qu'à me confirmer dans l'opinion que seul un changement social radical, dont l'effet serait de supprimer, avec la production capitaliste, les conditions de propriété qui lui sont propres, parviendrait à faire triompher, sur le plan de la vie réelle, l'amour réciproque puisque tant est que cet amour, de par sa nature, « a un certain degré de durée et d'intensité qui fait considérer aux deux parties la non-possession et la séparation comme un grand malheur, sinon le plus grand de tous » (Engels : *L'Origine de la Famille*) et que cependant il lui arrive de buter misérablement, en cas de préparation insuffisante de ces parties, sur des considérations économiques d'autant plus agissantes qu'elles sont quelquefois refoulées. De telles idées ne m'étaient, à vrai dire, d'aucun réconfort appréciable ; elles n'offraient, à la douleur que je pouvais éprouver alors, qu'un très faible dérivatif.

Autre chose était, comme de sentir à chaque seconde le sol se dérober sous les pieds, le fait de constater qu'un objet essentiel, bien extérieur celui-là, s'était soustrait à mes sens, entraînant pour moi et, comme je le savais, pour moi seul, avec lui tous les autres, jetant un doute si implacable sur la solidité de tous les autres que ma pensée ne les retenait plus, n'y tenait plus, les rejetait non seulement comme secondaires, mais comme aléatoires. Oui, la partie était perdue, bien perdue : ne me restait plus même, dans les conditions où elle se dénouait, l'orgueil de l'avoir jouée. Sous mes yeux les arbres, les livres, les gens flottaient, un couteau dans le cœur.

(Je ne suis, en pareille circonstance, pas très capable de recourir aux enivrements vulgaires. Il me semble que j'y prendrais vite une idée de moi peu compatible avec la continuation de ma vie même. Je déteste le monde et ses distractions. Il ne m'est *jamais* arrivé de coucher avec une prostituée, ce qui tient, d'une part, à ce que je n'ai jamais aimé — et à ce que je ne crois pas pouvoir aimer — une prostituée ; d'autre part, à ce que je supporte fort bien la chasteté, quand je n'aime pas. Mais il me paraîtrait indigne par-dessus tout de vouloir chasser l'image d'un être aimé par celle d'un être ou de plusieurs êtres non aimés. Je persiste à tenir les opérations de l'amour pour les plus graves : outre les conséquences sociales que je ne me cache jamais qu'elles peuvent avoir, je n'ai garde d'oublier que, toujours du même point de

82

vue matérialiste, « c'est sa propre essence que chacun cherche chez autrui » (Engels). Pour qu'il en soit ainsi, il me paraît falloir que le mot *autrui*, dans cette phrase, soit limitatif d'une foule d'êtres et, en particulier, de tous ceux qui, pour l'individu considéré, pourraient être causes passagèrement de distraction ou de plaisir. Afin d'éviter toute confusion, je tiens à ajouter que je ne formule ici aucun principe général, je ne me propose que d'aider à l'intelligibilité de ce qui précède et de ce qui va suivre : je ne puis le faire sans parler de moi.)

Cependant, je retournais, le plus sciemment du monde, au désordre. Quand les pensées amères qui venaient chaque matin m'assaillir s'étaient lassées de tourner dans ma tête comme des écureuils brûlés, l'automatisme sentimental, sexuel, tentait plus ou moins vainement de faire valoir ses droits. Je me retrouvais hagard devant cette balance sans fléau mais toujours étincelante, devant cette balance ivre : aimer, être aimé. La tentation absurde, mais immédiate, de substituer à l'objet extérieur manquant un autre objet extérieur qui comblât, dans une certaine mesure, le vide qu'avait laissé le premier, cette tentation se faisait place violemment à certaines heures, entraînant de ma part un commencement d'action. D'autre part, je m'étais pris à songer que l'erreur initiale que j'avais pu commettre, et que je payais à ce moment d'un détachement de moi cruel, résidait dans la sous-estimation du besoin de bien-être matériel qui peut exister naturellement, et presque à son insu, chez une femme oisive qui par elle-même ne dispose pas des moyens de s'assurer ce bien-être, d'un certain progrès en ce sens qu'elle peut tenir à réaliser au cours de sa vie. Il fallait bien reconnaître que de ce côté je n'avais jamais été capable que de la décevoir, de la desservir. Par un assez curieux réflexe moral — je m'aperçois que je n'étais pas loin d'y attacher un sens de réparation, du caractère humain le plus général — je m'étais tout à coup figuré que je ne devais plus accueillir près de moi, si l'avenir le permettait, qu'un être particulièrement dénué de ressources, particulièrement asservi par la société — pourvu que sa dignité n'en eût aucunement souffert — et qu'il serait, du moins, en mon pouvoir d'aider à vivre quelque temps : le temps que je parviendrais à vivre moi-même. Rien ne dit qu'une femme charmante et estimable, si elle eût pu alors être avertie de mes dispositions, n'eût pas consenti à partager avec moi ce que j'avais. J'en étais parfois à déplorer de ne pouvoir faire passer une annonce dans quelque journal idéal. Faute de me le permettre, je me représentais, je dois dire, avec zèle, les incroyables difficultés qu'un homme peut avoir à connaître une femme de qui, à la voir passer dans la rue, il augure quelque bien. L'hypocrisie sociale, la défense sur le pied de laquelle maintiennent les femmes les avances d'un trop grand nombre de goujats, les méprises toujours possibles sur la qualification intellectuelle et morale des promeneuses, ne sont pas pour faire de cette entreprise, dans les plus mauvais moments, un passe-temps bien recommandable. Une chose me paraît pourtant — que ceci soit ou non de nature à révolter divers bons apôtres — moins capable qu'une autre de rompre le charme sous lequel a pu vous laisser *une* femme aimée, qui est partie, *tout le charme*, qui est celui de la vie même, et cette chose est la personne collective de *la* femme, telle qu'elle se forme, par exemple, au cours d'une promenade solitaire un peu prolongée, dans une grande ville. Le blond fait étrangement valoir le brun, et inversement. Les très belles fourrures s'exaltent et exaltent avec elles les misérables fichus. Il y a, dans le mystère toujours assiégeant des variétés de corps qui se laissent deviner, de quoi partiellement soutenir l'idée que tout n'est pas perdu, puisque la séduction y met encore, de tous côtés, tant du sien. Cette femme qui passe, où va-t-elle? A quoi rêve-t-elle? De quoi pourrait-elle être si fière, si coquette, si humble? Les mêmes questions se reposent pour une autre, avant même que celle-ci soit passée. Un grand bruit se fait, bruit vivant, bruit clair, bruit de construction et non d'effondrement, qui est celui de l'effort humain se cherchant unanimement une justification non pas hors de l'être humain mais à la fois en lui-même et en un autre. Quelle beauté en cela, quelle valeur, quelle netteté malgré tout! La femme de Paris, cette créature composite faite journellement de toutes les images qui viennent se mêler dans les glaces du dehors, comme elle est défavorable aux pensées repliées sur elles-mêmes, comme elle chante, comme elle est confondante dans la solitude et dans le malheur ! Que tout à coup l'être immédiat le plus sensible me manque, la seule chance que j'aie de le redécouvrir (celui-là qui peut être devenu un autre, ou celui-là), de le redécouvrir, le connaissant cette fois dans sa réalité, est entre-temps d'avoir pu réaliser cette opération capitale de l'esprit qui consiste à aller de l'être à l'essence. En cela doit consister tout le secret des poètes, qui passent pour trouver leurs accents les plus pathétiques dans le désespoir. En aucun domaine la loi de la négation et de la négation de la négation ne parvient à se vérifier d'une manière plus frappante. A ce prix est la vie.

Il est naturel que l'être immédiat objet de l'amour une fois disparu, ce détour par l'essence, dans la mesure où il se prolonge inutilement et cela faute pour l'esprit de possibilité de retour à l'être, favorise un certain nombre d'attitudes inhumaines et engendre de fausses démarches. Je m'explique. Selon toutes probabilités, l'amour, soumis chez un être au rythme général de son évolution, tend à se perfectionner philosophiquement, comme le reste. Il se peut que je découvre plus tard la raison profonde, qui m'échappe encore, de cette incompatibilité finalement déclarée entre moi et ce que j'avais voulu le plus près de moi, et selon toute vraisemblance j'apercevrai alors qu'en effet, d'un être immédiat, comme appris par cœur, je n'avais pas su faire pleinement pour moi un être réel. Sans doute n'aurai-je pas réussi à être bien réel pour cet être non plus. Mais, cette déduction faite, comment ne pas espérer un jour être plus heureux ou, à défaut, comment ne pas vouloir qu'un homme, qui aura lu ces lignes, soit, un peu à cause d'elles, moins malheureux que moi ? Il n'est pas impossible, dis-je, que j'acquière à mes dépens le pouvoir de considérer un autre être comme réel, ou de faire considérer un autre être comme réel, par quelqu'un qui l'aimera. Tant mieux si mon témoignage aide cet homme à se défaire, comme je veux m'en être défait, de toute attache idéaliste. Il en sera quitte pour errer moins que je n'aurai erré à travers ces sombres rues. Si l'on est exposé, dans des circonstances de l'ordre de celles que j'ai décrites, à un désaxement moral plus ou moins complet, c'est, il faut bien le dire, que les moyens de connaissance qui sont propres à l'amour survivant à la perte de l'objet aimé, ces moyens devenus sans application tendent impatiemment, de toutes leurs forces, à se réappliquer. Ils tendent à se réappliquer parce que la position purement spéculative qui soudain a été faite à l'homme se révèle intenable. Le voici brusquement aux prises avec un monde où tout est indéterminé. Comment évitera-t-il cette fois de se tromper et de tromper quelqu'un d'autre sur lui-même ? Déterminera-t-il ? Il est brisé, confondu, faible, ébloui. Ne déterminera-t-il pas ?

Pour vivre, il faut qu'il détermine. Il faut qu'il se remette à préférer çà et là. De très beaux yeux, comme ceux de cette jeune Allemande, peuvent tout de même être une oasis. J'ai omis de dire que je n'en étais pas au lendemain du jour où m'était apparu avec certitude le caractère irrémédiable de la situation qui m'était faite par rapport à la femme que j'aimais. Il s'en fallait même de plusieurs mois, durant lesquels j'avais épuisé toutes les façons de me voir aller et venir dans une impasse. Pour tromper cet automatisme exigeant dont j'ai fait mention plus haut, j'en étais même arrivé certain soir à parier avec des amis que j'adresserais la parole à dix femmes d'apparence « honnête » entre le faubourg Poissonnière et l'Opéra. Je ne m'accordais pas même la permission de les choisir. C'était pour surprendre leur premier mouvement, pour entendre leur voix. Je n'allai pas au-delà de la huitième et, sur ce nombre, il ne s'en trouva qu'une, fort peu attirante d'ailleurs, pour ne pas vouloir me répondre. Cinq des autres voulurent bien accepter de prendre avec moi rendez-vous. Je déteste, cela va sans dire, cette sorte d'activité, mais je lui trouve une excuse en la circonstance : dans l'inconnu où je me débattais, c'était beaucoup pour moi de faire se tourner vers moi ces inconnues. Une autre fois je me promenai tenant à la main une très belle rose rouge que je destinais à une de ces dames de hasard mais, comme je les assurais que je n'attendais d'elles rien d'autre que de pouvoir leur offrir cette fleur, j'eus toutes les peines à en trouver une qui voulût bien l'accepter.

La jeune femme du 5 avril, que je me reprochais cruellement de n'avoir pas suivie, reparut dans les environs du café deux ou trois fois. Je n'avais pour ainsi dire pas cessé de la guetter, dans l'espoir de la trouver seule et de pouvoir lui remettre une carte, sur laquelle j'avais écrit ces mots, après les avoir fait traduire à son intention : « Je ne pense plus qu'à vous. Je souhaite follement vous connaître. Ce Monsieur est peut-être votre frère ? Si vous n'êtes pas mariée, je demande votre main. » Suivaient la signature et : « Je vous en supplie. » Cette carte, je n'eus pas la moindre occasion de la lui faire tenir. Jusqu'au surlendemain, jour à partir duquel je ne la revis plus, elle ne se présenta en effet à moi qu'accompagnée de la personne du premier jour mais celle-ci d'instant en instant plus manifestement hostile à son manège, toujours le même, et au mien. Je tentai l'impossible pour me procurer son adresse mais les précautions incessantes qu'on prenait, bien malgré elle, pour que celle-ci me restât cachée, se montrèrent suffisamment opérantes.

Que voilà donc un récit qui tourne court ! Un personnage n'est pas plus tôt donné qu'on l'abandonne pour un autre, — et, qui sait même, pour un autre ? A quoi bon, dès lors, ces frais d'exposition ? Mais l'auteur, qui paraissait avoir entrepris de nous livrer quelque chose de sa vie, parle dans un rêve ! — *Comme dans un rêve.*

Le 12 avril, vers six heures du soir, je me promenais avec mon chien Melmoth sur les boulevards
extérieurs quand, à la hauteur de la Gaîté-Rochechouart devant laquelle m'avait immobilisé
l'affiche de *Péché de Juive*, je découvris près de moi
une jeune fille dont l'attention semblait non
moins vivement éveillée par cette affiche. Trop
occupée pour prendre garde à moi, elle me laissait
tout loisir de la contempler. Rien de plus char-
mant, de moins abrégeable au monde que cette
contemplation. Très apparemment pauvre,
comme il le fallait sans doute à cette époque de
ma vie, je l'ai dit, pour que toute l'émotion dont je
suis capable à la vue d'une femme entrât en jeu,
elle pouvait faire évoquer à la première seconde
celle pour qui Charles Cros, à la fin de son plus
beau poème : *Liberté*, n'a pu trouver que ces mots
insuffisants et merveilleux :

Amie éclatante et brune

ou encore celle dont elle avait les yeux mais oui,
les yeux qui depuis quinze ans n'ont pas cessé
d'exercer sur moi leur fascination, la *Dalila* de la
petite aquarelle de Gustave Moreau que je suis allé
si souvent revoir au Luxembourg. Aux lumières,
ces yeux, si j'en appelle à une comparaison à la
fois plus lointaine et plus exacte, me firent aussitôt
penser à la chute, sur de l'eau non troublée, d'une
goutte d'eau imperceptiblement teintée de ciel,
mais de ciel d'orage. C'était comme si cette goutte

se fût indéfiniment maintenue à l'instant où une goutte touche l'eau, juste avant celui où, au ralenti, on pourrait la voir s'y fondre. Cette impossibilité, réfléchie dans un œil, était à damner les aigues, les émeraudes. Dans l'ombre, comme je l'ai vu par la suite, on pouvait s'en faire l'idée d'un effleurement continu, et pourtant sans cesse recommencé, de cette même eau par une très fine pointe retenant un soupçon d'encre de Chine. Tout, de la grâce de cette personne, était le contraire de prémédité. Elle était vêtue de choses d'un noir lamentable qui ne lui allaient encore que trop bien. Il y avait dans son allure, maintenant qu'elle flânait le long des boutiques, je ne sais quoi de si aveuglant et de si grave, parce que parfaitement ignoré d'elle, que cela ne pouvait que rappeler, dans sa loi que nous cherchons patiemment à entrevoir, la grande nécessité *physique* naturelle tout en faisant plus tendrement songer à la nonchalance de certaines hautes fleurs qui commencent à éclore. Elle n'eut ainsi longtemps qu'à passer pour décourager de son silence pas même hostile l'assaut de courtoisie et de discourtoisie auquel, en pareil lieu, un dimanche soir, toute sa personne l'exposait. J'observai avec émotion comme nul auprès d'elle n'insistait. Chacun de ceux qui, sans même l'avoir vue, se risquaient à l'entreprendre en était pour ses compliments, ses gaudrioles. Ils s'éloignaient tous aussitôt, d'un air absent, s'accordant tout juste le droit de se retourner sur elle pour estimer d'un

91

regard le charme de la taille et ce que le bas de fil laissait entendre, irréprochablement, du mollet. J'hésitai longtemps à me rapprocher d'elle, non que ces divers exemples malheureux fussent pour m'en dissuader, mais c'est à peine si l'on m'avait vu et pour un peu je me serais accommodé, ce jour-là, de la seule certitude de l'existence d'une telle femme. Il fallut, pour que je m'y résolusse, que, revenant brusquement sur ses pas, elle s'engageât sur le trottoir désert qui longe, après le passage du boulevard Magenta, l'hôpital Lariboisière. Je dis aujourd'hui : Lariboisière, mais je me rappelle qu'alors j'avais vainement cherché à mettre un nom sur l'établissement que bordent ces longs murs sombres, couverts de place en place d'affiches déchirées. Je n'ignore cependant pas la situation de cet hôpital, mais, sur la foi d'une inscription lue inconsciemment qui n'en désigne qu'un service particulier, j'étais disposé à croire que c'était plutôt la Maternité (dont l'emplacement exact m'est aussi connu depuis longtemps). Cette confusion, très semblable à celles qui peuvent se produire en rêve, témoigne, selon moi, de la reconnaissance de la merveilleuse *mère* qui était en puissance chez cette jeune femme. Ainsi se réalisait, comme on voit, mon plus impérieux désir d'alors, celui sinon de ne pas mourir, du moins de me survivre en ce qu'avant de mourir j'avais pu considérer comme admirable et comme viable. Je sais que l'effacement de l'hôpital Lariboisière pouvait, d'autre part, tenir au fait qu'à apercevoir tout d'abord cette personne éminemment désirable, je n'avais pu m'empêcher de me demander vaguement ce qu'elle pouvait bien faire là, à cette heure, d'en concevoir quelque doute, vivement combattu par la suite, sur sa moralité et, corrélativement, sur sa santé. Aux premières paroles que je lui adressai, elle répondit sans embarras (j'étais beaucoup trop ému pour me faire une idée nouvelle de ses yeux fixés sur moi) et me fit même la grâce de paraître trouver un peu inattendu ce que je lui disais. Mon émerveillement, je le dis sans crainte de ridicule, mon émerveillement ne connut plus de bornes quand elle daigna m'inviter à l'accompagner jusqu'à une charcuterie voisine où elle voulait faire l'emplette de cornichons. Elle m'expliqua, à ce propos, qu'elle allait dîner, comme chaque jour, avec sa mère et que toutes deux ne savaient apprécier un repas qu'ainsi agrémenté. Je me revois devant la charcuterie, réconcilié tout à coup par impossible avec la vie de tous les jours. Bien sûr, il est bon, il est supérieurement agréable de manger, avec quelqu'un qui ne vous soit pas tout à fait indifférent, des cornichons, par exemple. Il fallait bien que ce mot fût ici prononcé. La vie est faite aussi de ces petits usages, elle est fonction de ces goûts minimes qu'on a, qu'on n'a pas. Ces cornichons m'ont tenu lieu de providence, un certain jour. Je sais que ces considérations ne seront pas pour plaire à tout le monde, mais je m'assure qu'elles n'eussent pas déplu à Feuerbach, ce qui me suffit. (J'aime beaucoup, d'autre part, les écrivains naturalistes : pessimisme à part — ils sont vraiment trop pessimistes — j'estime que seuls ils ont su tirer parti d'une situation telle que celle-là. Je les trouve, en moyenne, beaucoup plus poètes que les symbolistes qui, à la même époque, s'efforçaient d'abrutir le public de leurs élucubrations plus ou moins rythmées : Zola n'était vraiment pas mauvais comme reins ; les Goncourt, dont on tend de plus en plus à nous représenter seulement les tics intolérables, n'étaient pas incapables de voir, de palper ; Huysmans, entre tous, avant de sombrer dans la boueuse inanité d'*En route*, n'avait pas cessé d'être très grand et l'on serait fondé à donner pour modèle d'*honnêteté* aux écrivains d'aujourd'hui les livres de moins en moins lus de Robert Caze, malgré tous leurs défauts. Seul Alphonse Daudet, véritable porte-parole de la petite bourgeoisie de son époque, s'était en tous points défini avec elle comme être vil, répugnant, méprisable. Je persiste à croire que, talent à part, j'y reviendrai, ces écrivains se sont d'ailleurs trompés du tout au tout.) Les cornichons sont maintenant dans le papier, on va pouvoir partir. Le temps ne m'a jamais paru moins long. Pour moi, de nouveau, il n'y a plus personne sur le boulevard, tant j'écoute, tant j'attends que de ces lèvres toutes riantes tombe l'arrêt imprévisible qui fera que je vivrai ou qu'à nouveau je ne saurai plus comment vivre demain. J'apprends de cette jeune fille qu'elle est danseuse, que par extraordinaire elle aime son métier, qu'elle vit là — on traverse la place de la Chapelle — chez ses parents, tout près. Je m'enchante de la trouver confiante, attentive, quoique apparemment peu curieuse de moi, ce qui m'épargne d'entrer, comme en retour de cette attention et de cette confiance je ne saurais éviter de le faire, dans des détails affligeants à mon sujet. En prenant congé de moi, elle m'accorde, sans se faire prier, un rendez-vous pour le lendemain.

J'ai eu depuis lors plusieurs fois l'occasion de revoir la façade délabrée et tout enfumée de la maison de la rue Pajol, par la porte de laquelle j'avais vu disparaître cette amie d'un soir — qui ne devait jamais m'être plus amie. Cette façade est telle que je n'en connais pas de plus attristante. Comment un être physiquement si exceptionnel peut-il, en s'en amusant, demeurer plusieurs heures derrière ces rideaux gris ? Comment peut-il traverser sans dommage, plusieurs fois par jour, l'abominable et en même temps très étonnant carrefour de la Chapelle où des femmes, toutes pareilles à de vieilles outres, somment encore, en se dépoitraillant, le passant de leur « payer un litre » ? Ceci n'était d'ailleurs déjà plus qu'un aspect accessoire du problème. Il eût dû me suffire si j'ai dit vrai, pensera-t-on, d'avoir renoué contact avec la vie extérieure et cela par la grâce de cet être sans pour cela attendre de lui plus qu'il ne m'avait donné. Mais allez donc compter avec l'espérance ! Je ne doutais pas que la belle promeneuse du dimanche reviendrait le lendemain, comme elle avait dit, et j'avoue que je m'affolai en ne la voyant pas. Cet affolement était, d'ailleurs, en tout préférable à ce dont son apparition m'avait tiré. La vie avait pour moi repris un sens et même le meilleur sens qu'elle pût avoir. J'en fus quitte pour m'informer, rue Pajol, de son nom, de manière à lui faire parvenir une lettre. Ne recevant pas de réponse, je passai plusieurs après-midi consécutives à m'ennuyer d'elle, mais seulement d'elle, dans le petit square de la place qu'elle devait contourner chaque jour pour sortir et pour rentrer, mais je ne réussis pas à l'apercevoir. Cette absence volontairement prolongée aboutit, comme il fallait s'y attendre pour moi, à une idéalisation complète, d'une force telle que je n'osai plus me porter à sa rencontre de peur de ne pas la reconnaître. J'avais, en effet, tout oublié de sa silhouette, de son maintien et, pour peu que ses yeux fussent baissés, je ne me sentais pas capable de l'identifier à trois pas. Je ne lui en demeurais que plus reconnaissant de ne pas m'avoir éconduit brusquement le dimanche et même cette reconnaissance, en moi, ne tarda pas à prendre un tour légèrement emphatique, assez singulier. Sans, bien sûr, m'attendre à forcer par là la résistance qu'elle me montrait, je songeai à l'étourdir de menus présents que leur caractère désintéressé même faisait très spécialement valoir à mes yeux. C'est ainsi que je lui fis porter une grande azalée en pot que j'avais choisie pour sa couleur rose et dont je ne me lassais pas d'imaginer l'entrée théâtrale dans la cour noire et l'escalier vraisemblablement sordide de sa maison. Une carte de visite très laconique m'en remercia. Quelques jours plus tard, une immense poupée habillée en fée prit le même chemin que la fleur, mais, cette fois, je n'avais pas eu le courage de la laisser partir sans une lettre. Ce dernier envoi me valut l'acceptation d'un rendez-vous que je sollicitais. Je lui dus aussi de comprendre, au cours de l'entretien qui en résulta le matin du dimanche 19 et où il fut surtout question, comme je laissais parler, de menus incidents professionnels et d'amusements innocents pris à la petite correspondance des journaux galants, que je ne pouvais rien avoir de commun avec cette enfant qui avait seize ans et à qui, dans mon trouble, j'en avais donné vingt. Ce fut elle qui décida pourtant avec moi d'en rester là, en oubliant qu'elle s'était offerte à me revoir le surlendemain. Il était donc vrai qu'elle n'avait à se trouver sur ma route que ce premier dimanche. Je lui sais encore un gré infini de s'y être trouvée. Maintenant que je ne la cherche plus, il m'arrive de la rencontrer quelquefois. Elle a toujours les yeux aussi beaux, mais il faut bien reconnaître qu'elle a perdu pour moi son prestige. Comme pour que rien ne subsiste entre elle et moi des mots d'importance sans doute trop inégale que nous avons pu échanger, quand elle passe près de moi elle détourne assez inexplicablement la tête pour ne pas avoir à répondre à un salut éventuel.

Ce ravissant visage s'était d'ailleurs à peine caché que la sorte de flotteur merveilleux qu'avaient été pour moi les yeux du 5 et du 12 avril reparaissait encore une fois à la surface. Il faut reconnaître que pourtant l'image féminine tendait avec lui à se dégrader. Je vais y venir. Au préalable, puisque ceci conduira au mardi 21 avril, il me paraît nécessaire de donner idée de mes dispositions générales du lundi.

De nouveau, la pensée de ma solitude personnelle m'occupait tout entier. Ces deux femmes qui venaient de se profiler en trompe-l'œil, bien qu'elles eussent eu le pouvoir de m'arracher à une obsession intolérable, qui n'était rien moins que celle d'abolir ce qui ne pouvait être aboli : tout ce qui *avait été* contraire à la réalisation du désir engageant, sans solution possible de continuité, la durée même de ma vie, me faisaient sous une autre forme ressortir la vanité de cette vie, la mienne, qui était décidément inassociable à une autre. A quelque temps de là, je m'étais pris, un dimanche, sur les bords de la Marne, à envier ces gens qui travaillent une semaine pour aller s'ébattre un jour sur un angle de verdure, à supposer qu'il fasse beau. Je me représentais sans la moindre ironie tout ce qui peut exister d'indissoluble, de facile entre eux. Deux par deux, ils s'étaient choisis, un jour, à la diable et il n'avait plus été question qu'ils pussent se quitter. Nulle arrière-pensée, pour finir, de part et d'autre. Les événements du jour étaient une histoire d'atelier, de bureau, une jolie étoffe, un projet de promenade, un film. On habillait et on déshabillait les enfants charmants, affreux. Sans doute il y avait bien quelque anicroche à déplorer çà et là, mais la vie s'y retrouvait en moyenne. Elle s'étalait massive, petitement productive, mais du moins *indiscutée.* Et tout cela se jetait sous mes yeux dans l'eau de la Marne, en ressortait à plaisir, reprenait des forces pour continuer. Le besoin de comprendre un peu le monde, le souci de se différencier des autres hommes, l'espoir d'aider à la résolution d'une chose non résolue, tout ce facteur agitant à la fois et décevant s'était abstenu une fois pour toutes d'entrer en ligne de compte. C'est tout de même pour ces gens qu'il y a des fraises dans les bois! Bien sûr, il était trop tard pour tenter de m'adapter à leur sort, mais comment ne pas admettre qu'ils étaient favorisés, jusqu'à un certain point? Parmi eux, il devait y avoir aussi des épiciers, épiciers de lettres, de sciences notamment qui, à vrai dire, me gâchaient bien un peu les autres, mais si peu! Et Paris allait enfourner cela le soir, stupidement, après l'avoir tourné dans la farine de ses lumières. C'était bien beau. Pour moi, tout allait différemment, je répète que j'étais seul. Je considérais cette activité que j'avais pu avoir avant de me trouver ainsi anéanti. Cela valait-il même la peine d'y avoir touché? Quelle suffisance ne faut-il pas pour penser de soi, sur le plan intellectuel, qu'on aura fait quelque chose! Les grands philosophes, les grands poètes, les grands révolutionnaires, les grands amoureux : je sais. Mais si l'on n'est pas sûr d'atteindre jamais à cette grandeur, comment faire pour être simplement *un homme*? Comment justifier de la place qu'on occupe devant le manger, le boire, le revêtir, le dormir? Qu'ils sont quittes malgré tout à bon compte de cette inquiétude, ceux qui labourent et ensemencent la terre, ceux qui pourraient brandir à la moindre question et qui brandiront bientôt, partout, les outils de fer ! — Nous en étions, mes amis et moi, à cette époque, à nous concerter sur les moyens de mener une action spécifiquement antireligieuse et il faut bien dire que nous en étions réduits, à la suite de quelques malentendus intéressant, à vrai dire, plutôt le jeu des caractères que celui des idées, à ne pouvoir envisager d'autre action commune que celle-là. Je pense qu'un historien aura plus tard intérêt à savoir que pour nous alors il pouvait en être ainsi. On recherchera et je suppose que l'on trouvera les raisons vitales qui, initialement, nous auront fait préférer, à quelques-uns, agir ensemble que distinctement les uns des autres, quand cela eût abouti à la confection de divers papiers qui n'avaient en réalité l'agrément d'aucun d'entre nous. Quelque chose au moins, je crois déjà pouvoir le dire, aura ainsi passé d'une volonté qui fût restée velléitaire sans cela. Ce minimum de dépendance librement acceptée aura eu aussi cet effet de reléguer au second plan de nos préoccupations ce qui n'était que brillant, qu'accessoire, puisque plus particulièrement propre à tel ou tel d'entre nous. A défaut de la discipline de classe, une discipline. Pour faire mieux, il eût fallu que la contrainte sociale sur nous fût moins dure, mais elle était, dans sa douceur... à nous faire regretter les beaux temps de l'Encyclopédie. Quelle inclémence de toutes parts! Un public, pour qui l'on parle et dont on aurait tout à apprendre pour continuer à parler, qui n'écoute pas; un autre public, indifférent ou fâcheux, qui écoute. Mais comment en allait-il donc en France, au XVIIIᵉ siècle? Dans les mauvais moments, on se dit que c'est très grave, dans les autres que ce l'est moins. En avril 1931, par exemple, cela pouvait être tenu par moi pour très grave. Restait à savoir, entre autres choses, si les moyens définis pour nôtres pouvaient réellement être mis tout entiers au service d'une cause telle que la cause antireligieuse, si intéressante fût-elle. Rien, à la réflexion, n'était moins sûr. De notre part, il n'y avait rien là de tout à fait justifiable que de l'extérieur. Nous limiter systématiquement, comme cela avait été proposé, à une activité semblable, n'était-ce pas émanciper gratuitement, par réaction, les diverses volontés de singularisation qui, jusque-là, avaient trouvé à se contenir dans la poésie, dans la peinture et, d'une manière générale, dans les formes variables de l'expression surréaliste? En ce qui me concerne, je m'effrayais de voir tout ce que, de ma vie et de mes aspirations personnelles, un tel projet laissait de côté. Le surréalisme, tel qu'à plusieurs nous l'aurons conçu durant des années, n'aura dû être considéré comme existant qu'à la non-spécialisation *a priori* de son effort. Je souhaite qu'il passe pour n'avoir tenté rien de mieux que de jeter un *fil conducteur* entre les mondes par trop dissociés de la veille et du sommeil, de la réalité extérieure et intérieure, de la raison et de la folie, du calme de la connaissance et de l'amour, de la vie pour la vie et de la révolution, etc. Du moins aura-t-on cherché, mal cherché peut-être mais cherché, à ne laisser aucune question sans réponse et aura-t-on tenu quelque peu à la cohérence des réponses qu'on fournissait. A supposer que ce terrain eût été le nôtre, mériterait-il vraiment qu'on l'abandonnât? Un révolutionnaire rêve comme un autre homme, il lui arrive quelquefois de s'occuper de lui seul, il sait que de sage on peut devenir fou, une femme belle n'étant pas moins belle pour lui que pour un autre, il peut être malheureux à cause d'elle et l'aimer. On souhaiterait qu'à tous ces égards il nous fît connaître son comportement. Dans la mesure où nous avons pu le supputer — et encore une fois le surréalisme ne s'est attaché à rien d'autre — j'espère que nous n'avons pas fait faire un faux pas à la connaissance de l'univers et de l'homme, que bien plutôt, en nous appliquant à mettre ce révolutionnaire d'accord en tous points avec lui-même, nous n'avons pu entreprendre que de le grandir. Qu'en chemin des erreurs aient été commises, ce n'est pas moi qui le nierai et peut-être même serait-il temps de dénombrer ces erreurs. Mais je veux croire que seule notre évolution générale, fonction comme elle est, ce qui la complique, de diverses évolutions particulières, sera de nature à donner à ce que nous aurons pu entreprendre ensemble sa véritable signification. C'est alors seulement qu'on verra si nous avons su à notre tour, et de l'angle où, de par nos aptitudes propres, nous nous trouvions placés, dégager la *perle* que d'autres, pour reprendre encore une parole de Lénine, ne surent pas extraire du « fumier de l'idéalisme absolu ».

Pour en revenir à moi-même, je n'arrivais pas alors, comme je le conçois mieux aujourd'hui, à me satisfaire de ce projet lourd de restrictions. Une foule d'idées, de représentations antagonistes venaient m'assiéger au moment même où, du moins « pour faire quelque chose », j'étais prêt à lui donner mon adhésion. On m'accordera que de ma part ce ne pouvait être là tiédeur à l'égard de l'action envisagée. Jamais, en effet, je n'ai cessé de considérer celle-ci comme des plus nécessaires et des plus urgentes et je pense encore qu'il n'appartient à personne plus qu'à nous de la mener. Simplement, je ne pouvais me résigner à voir en elle se résoudre très épisodiquement et se confondre tout ce de quoi pouvait être faite notre expérience antérieure. Je n'avais pas le sentiment qu'il en pût résulter pour moi, non plus d'ailleurs que pour aucun d'entre nous, la satisfaction vitale que nous cherchons dans le fait de nous exprimer. C'est à

dessein que j'appuie ainsi sur le manque de déterminations intellectuelles où, du fait même de cette
proposition, je me trouvais alors. A quoi bon, de
ce côté encore, ce que j'avais pu croire juste, effi-
cace? Il eût mieux valu (c'était du moins ce que
mon découragement personnel me suggérait)
n'avoir jamais rien engagé, rien dit. Voilà qu'il
était tout à coup question de bifurquer.

Que je me tournasse de ce côté ou de l'autre, la
solitude était la même. Le monde extérieur avait
repris son apparence de pur décor. Ce jour-là, je
m'étais d'abord promené sans but sur les quais, ce
qui m'avait conduit à regretter de ne pouvoir
m'offrir, en raison de son prix trop élevé, l'*Ars
Magna* de Raymond Lulle, que je savais trouver
dans un magasin de la rive gauche. Puis l'idée de
la petite artère noire, comme sectionnée, que
devait être ce jour-là la rue Gît-le-Cœur m'avait fait
abandonner ce quartier pour le quartier Saint-
Augustin où j'espérais découvrir, chez un autre
libraire, quelque rare roman terrifiant, parent de
ceux de Lewis ou de Maturin, que je n'eusse pas
encore lu. Je recherchais particulièrement *Le Vieux
Baron anglais, ou Les Revenants vengés*, de Clara
Reeve. La crainte, toutefois, de me singulariser me
retint au dernier moment de formuler la
demande de cet ouvrage et me fit préférer
m'enquérir de ce qu'il pouvait exister comme
livres anciens traitant du 9 thermidor. Je feuilletai
avec ennui divers volumes de vulgarisation histo-

I. *Nosferatu le vampire.*

II. À l'Éden-Casino.

III. Au tournant du petit pont.

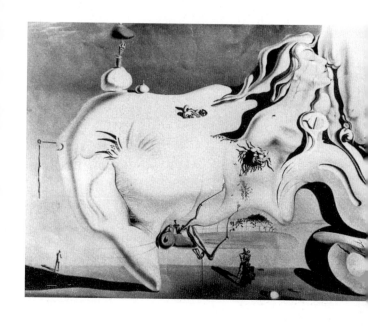

IV. Salvador Dali, *Le Grand Masturbateur.*
Museo Nacional Reina Sofia, Madrid.

V. Giorgio De Chirico, *Le Vaticinateur*.
Collection particulière, New York.

VI. Gustave Moreau, *Dalila* (détail).
Musée du Louvre, Paris.

VII. Au « Palais idéal » du facteur Cheval (1931).

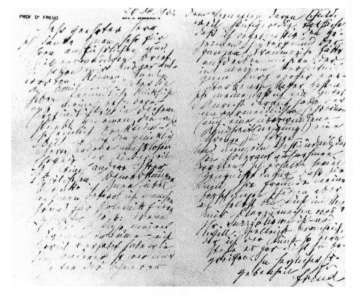

VIII. Sigmund Freud à André Breton.

rique, me retenant à grand-peine d'acquérir les divagations en cinq tomes de je ne sais quel abbé qui s'était fait fort d'interpréter toute l'époque révolutionnaire du strict point de vue de l'hérésie religieuse, ce qui me semblait pouvoir, à la rigueur, être bouffon. J'entrai ensuite, par plus grand désœuvrement, dans une librairie du boulevard Malesherbes, mais, comme j'eus l'occasion de le vérifier quelques heures plus tard, les livres — de même, semble-t-il, que les femmes — tendaient à se substituer les uns aux autres et celui qu'à cet endroit l'on m'avait remis empaqueté n'était pas celui que je voulais. Comme je m'acheminais lentement vers la Madeleine, un homme élégant, d'une cinquantaine d'années, offrant l'aspect physique d'un professeur, et que je crus d'abord entendre parler seul, s'approcha de moi, me demandant de lui prêter un franc. « Monsieur, me dit-il, voyez à quoi j'en suis réduit. Je n'ai pas sur moi de quoi prendre le métro. » Je le regardai avec surprise. Tout en lui démentait cette misère. Je lui remis un billet de dix francs, ce dont il me remercia avec effusion : « Vous ne pouvez savoir. Je viens, sur ce même boulevard, à quelques mètres d'ici, de rencontrer mon meilleur, mon plus ancien ami. Il a refusé de me rendre le service que vous me rendez. Et d'ailleurs pourquoi me rendez-vous ce service ? » Il fit un pas en arrière, comme pour me voir, et brusquement : « Monsieur, je ne sais qui vous êtes, mais je vous souhaite de faire ce que vous devez faire et ce que vous pouvez faire : quelque chose de grand [1]. » Il s'éloigna. Je ne suis pas fou et je conte cette histoire comme elle m'est arrivée. Je poursuivis mon chemin. Un peu plus loin, un agent m'interpellait. Il voulait savoir si l'homme de tout à l'heure ne m'avait pas demandé d'argent. J'eus la présence d'esprit de répondre que non. Un jeune homme que je n'avais d'abord pas vu et qui se trouvait auprès de lui s'étonna. Diverses personnes, dont il était, venaient d'être ainsi curieusement rançonnées. Je n'y pensai plus jusqu'au lendemain matin où Paul Éluard, à qui je n'avais pas fait part de cette rencontre, vint me voir, commentant en mauvaise part les idées sur la charité de Feuerbach. D'autre part, *Le Journal* du 21 avril publiait en première page le savoureux entrefilet suivant :

La police judiciaire vient, hier, de mettre fin aux exploits de cinq individus qui dévalisaient, depuis plusieurs semaines, des provincieux cossus ou de riches étrangers de passage dans la capitale.

Depuis deux mois, en effet, les plaintes affluaient. Le récit des victimes était toujours à peu près le même.

— J'ai été abordé dans la rue par un inconnu qui m'a proposé de me guider dans Paris. Nous avons lié conversation en marchant. Sur notre passage, nous

1. Le présent chapitre de ce livre était écrit (j'avais déjà cité de mémoire ces paroles) quand j'entrepris la lecture du *Vieux Baron anglais*, que j'avais enfin réussi à me procurer. Une extraordinaire impression de déjà entendu, aussitôt accompagnée de la vision très précise de l'homme du boulevard Malesherbes, m'attendait au passage de la page 82 à la page 83 : « Je ne sais, mais je crois entrevoir en vous des marques qui m'annoncent que vous êtes destiné à quelque chose de grand. »

avons trouvé un portefeuille bourré de billets de banque étrangers. Mon compagnon l'a ramassé et l'a mis dans sa poche. Mais, à ce moment, le propriétaire du portefeuille survenant, réclamait son bien. Comme il prétendait qu'une partie de son argent lui avait été dérobée et qu'il m'accusait, j'ai, pour justifier de mon innocence, sorti de ma poche mon propre portefeuille et je l'ai tendu à mon interlocuteur. Celui-ci, après en avoir vérifié le contenu et constaté qu'il ne contenait pas de billets étrangers, me l'a rendu. Une vive discussion s'est alors élevée entre mon compagnon de rencontre et l'autre personnage, et, bientôt ils s'enfuirent tous les deux, l'un poursuivant l'autre.

Je m'aperçus alors que mon argent m'avait été subtilisé et je compris la manœuvre dont je venais d'être dupe. Le coup avait été préparé de complicité par les deux hommes.

C'est hier, place de la Concorde, qu'après une délicate enquête, les cinq complices ont été pris en flagrant délit et arrêtés. Ce sont : Albert Moscou, dit « l'Œil de Moscou »... etc.

Au premier courrier de ce même jour m'arrivait une lettre d'un directeur de revue accompagnant un article sur le *Second Manifeste du Surréalisme*, auquel j'étais invité à répondre. Cet article, sinon des plus compréhensifs, du moins des plus sympathiques, était signé du nom d'un de mes plus anciens camarades, J.-P. Samson, déserteur français du début de la guerre, et de qui je suis sans nouvelles directes depuis cette époque. C'est avec plaisir que je pris connaissance de ces quelques pages. J'y retrouvais le regard droit que j'avais connu à leur auteur ; je m'assurais qu'il m'eût suffi de le revoir et de lui fournir de vive voix quelques éclaircissements sur la véritable position surréaliste pour qu'il renonçât à la plupart de ses objections. Parmi ces dernières figurait essentiellement l'affirmation de cette idée que nous resterions toujours malgré nous des mystiques et que l'attirance qu'exerçait sur nous le « mystère » traduisait « un état d'esprit que son athéisme ne doit pas empêcher de qualifier de religieux ». Un tel paradoxe, joint à une réserve plus grave sur le bien-fondé de la campagne antireligieuse menée en U.R.S.S., était de nature à actualiser et à valabiliser d'une manière frappante la discussion sur l'opportunité de mener, dans la mesure de nos moyens, une lutte analogue en France : je répète qu'entre nous cette discussion avait eu lieu la veille au soir. On voit comme les faits, de cet ordre même, pouvaient s'enchaîner dans mon esprit. Et voilà bien ce qui est taxé de mysticisme en moi. Le rapport causal, vient-on me dire, ne saurait s'établir dans ce sens. Il y a aucune relation sensible entre telle lettre qui vous arrive de Suisse et telle préoccupation qui pouvait être vôtre aux environs du moment où cette lettre fut écrite. Mais n'est-ce pas là, je le demande, absolutiser d'une manière regrettable la notion de causalité ? N'est-ce pas là faire encore trop bon marché de la parole d'Engels : « La causalité ne peut être comprise qu'en liaison avec la catégorie du hasard objectif, forme de manifestation de la nécessité ? » J'ajouterai que le rapport causal, pour troublant qu'il soit ici, est réel, non seulement du fait qu'il s'appuie sur l'universelle action réciproque, mais encore du fait qu'il est *constaté*. J'irai, d'ailleurs, plus loin. Ce nom, *Samson*, que je n'avais plus entendu prononcer depuis des années, en tombant ce matin-là sous mes yeux pouvait-il faire moins que me rappeler l'enfant aux yeux d'eau, aux yeux, ai-je dit, de *Dalila*, avec qui j'avais précisément rendez-vous ce même jour à midi, pour déjeuner? Que cela puisse, pour certains, friser le délire d'interprétation, je n'y vois pas d'inconvénient, ayant insisté comme je l'ai fait sur les raisons de mon peu d'équilibre d'alors. Chez le coiffeur, un peu plus tard, je tournais sans conviction les pages du *Rire* qu'on m'avait mis entre les mains quand je faillis pouffer à la vue d'un dessin dont je venais de lire la légende. C'était vraiment trop beau, trop drôle. Je n'en croyais pas mes yeux. Une chambre et, dans le lit, une petite femme plus que blonde, aux yeux grands comme des soucoupes et que sans doute la lumière du matin faisait presque paraître pédonculés, tournée vers un individu brun, chauve, au nez en bec d'aigle, en robe de chambre galonnée, qui entrait, une tasse à la main. Le titre était : *Tête de Linotte.* Au-dessous du dessin on lisait :

— *Qui c'est qui porte son café au lit à sa petite femme ?*

— *C'est son cocu.*

Cela me parut, à cet instant, prodigieux. J'avais

hâte de sortir pour acheter le numéro du journal. Plus je cherchais dans ma mémoire, moins j'arrivais à y découvrir, en fait de lapsus, quelque chose d'aussi irrésistible. Le plus étrange est que je n'avais jamais beaucoup aimé le dernier mot du dialogue. Tout enfant je me souviens de m'être attiré un jour de sévères réprimandes pour avoir à son sujet questionné mes parents, qui m'avaient emmené au théâtre du Palais-Royal. Une femme, qui a été « ma » femme, avait d'autre part une véritable phobie de ce mot dont je ne connais à vrai dire qu'un emploi magistral, celui qui en a été fait dans cette phrase de *L'Origine de la Famille* : « Avec la monogamie apparurent deux constantes et caractéristiques figures sociales qui jusque-là étaient inconnues : l'amant de la femme et le cocu. » Mais il faut reconnaître que ce mot, arrivant de la sorte, était surdéterminé. Je n'ai eu pour m'en convaincre depuis lors qu'à me rappeler quelle femme blonde avait pu pour la première fois me faire entrer chez ce coiffeur.

Si la causalité était pour moi ce matin-là chose retorse et particulièrement suspecte, l'idée de temps n'avait pas réussi non plus à se garder très intacte. Alors qu'en général je me montre capable, ayant consulté, je suppose, pour la dernière fois une montre à une heure de l'après-midi, de dire, avec assez peu de chance de me tromper d'une minute : il est à cette même montre cinq heures vingt-trois (j'ai fait maintes fois vérifier cette expérience qui vaut surtout pour les jours où je me trouve lucide, tout en m'ennuyant), j'avais constaté que le taxi qui m'avait conduit à la porte du coiffeur allait beaucoup trop lentement, j'avais dû même en faire l'observation au chauffeur, de même que maintenant je trouvais que l'autobus où j'avais pris place et qui suivait les boulevards particulièrement encombrés pourtant à cette époque et à cette heure allait trop vite. Comme, notamment, il stationnait à peine à l'angle de la rue de Richelieu, je n'avais pas eu le loisir, de la plate-forme où je me tenais, le numéro du *Rire* à la main, de m'expliquer à quoi pouvait bien correspondre la scène qui se déroulait à la terrasse du café Cardinal. Sous l'œil d'innombrables badauds, un homme vêtu d'une peau de bête, monté sur une chaise, faisait misérablement passer par-dessus son épaule gauche de jeunes fauves d'aspect extraordinairement pelé qu'il rattrapait derrière son épaule droite, sur laquelle était jetée une cape rouge. Les animaux qui s'étaient prêtés à cet absurde exercice étaient successivement réintroduits à grand-peine dans une cage à claire-voie par des comparses. Trois appareils étaient braqués sur ce coin de monde incompréhensible. Il eût été difficile d'imaginer quelque chose d'aussi pompeusement bête. Je me représentai, durant quelques secondes, avec tout l'écœurement qui convient, les étonnants efforts cinématographiques français. Il faut dire que j'ai toujours été vivement attiré par le trésor d'imbécillité et de loufoquerie grossière qui, grâce à eux, trouve le moyen de scintiller chaque semaine sur les écrans parisiens. Je tiens beaucoup, pour ma part, au scénario français et à l'interprétation française : avec cela du moins on est sûr de pouvoir s'égayer bruyamment (à moins, bien entendu, qu'il ne s'agisse d'un film « comique », en sorte que l'émotion humaine, dans son besoin d'extériorisations extrêmes, s'y retrouve).

Midi moins vingt : je savais que j'allais arriver beaucoup trop tôt. Il ne me restait plus qu'à patienter une demi-heure au café Batifol, 7, rue du Faubourg-Saint-Martin. Bien qu'il eût dépendu de la jeune fille que j'attendais et non de moi-même de fixer notre rendez-vous à cet endroit, nul autre, je dois dire, ne m'était plus familier. J'y étais entré, quelques mois auparavant, à la suite d'une femme très belle dont, naturellement, les yeux étaient ce qui m'avait d'abord subjugué : le tour de l'iris me faisait songer au bord rétractile des marennes vertes. Les renseignements que j'avais cru pouvoir prendre sur elle auprès du garçon ayant été pour tempérer mon désir de la connaître, j'en avais été quitte pour la regarder de loin et pour me promettre, quand je me trouverais par trop seul, de revenir de loin la regarder. Mais la salle où elle venait d'entrer eût été, à elle seule, capable de me retenir : elle était envahie, entre six et huit heures, par l'espèce la plus grouillante de foule que j'eusse encore vue : petits artistes de théâtre et de concert, auxquels se mêlaient un certain nombre de femmes et d'hommes d'une profession socialement à peine moins définie. Véritable Cour des Miracles de l'art, le café Batifol confondait dans une sorte de bruit marin montant et descendant, bruit de rafale, l'espoir et le désespoir qui se quêtent au fond de tous les beuglants du monde. Des mois durant, par la suite, mes amis et moi nous y étions retrouvés à la fin de chaque après-midi, chacun de nous appréciant, semble-t-il, de ne pouvoir presque y parler aux autres, faute d'espérer s'en faire entendre. Une fois la poignée de main donnée, le morceau de glace introduit dans le verre, il n'y avait plus qu'à se laisser bercer par ce vent secouant le tablier d'une cheminée dont la fumée eût été de la soie. Il y avait là quelques femmes très jeunes qui mijotaient avant de l'entreprendre par un rire éclatant, une œillade forcenée, une exhibition négligente de cuisses nues, la conquête d'un « directeur » ; d'autres, ailleurs, tout affalées, parvenues au terme de leur carrière. Des négociations d'un caractère manifestement sordide se poursuivaient. Tout cela, bon pain, s'embrassait, se chicanait, parfois se battait : rien de plus accaparant, de plus reposant que ce spectacle.

A l'heure où j'y pénétrai le mardi 20 avril « Batifol » était presque vide. Seule à une table, près de la porte, une femme, très printanière, écrivait des lettres. Comme, involontairement, je faisais le tour des raisons qui à cet instant me voulaient *là* et non ailleurs, ces raisons, dans leur succession, me

113

parurent plus enchevêtrées que je ne me les étais figurées tout d'abord. Toutes sortes de recoupements encore étaient possibles. C'est devant la Gaîté-Rochechouart que j'avais rencontré la personne que j'attendais, sans tenir autrement à ce qu'elle vînt ; or, elle m'avait dit le dimanche matin qu'elle devait passer l'après-midi à ce même théâtre où sa mère voulait voir jouer l'ancien « Bout-de-zan » des films de Feuillade dans une pièce intitulée *Narcisse, champion d'amour*. Comme ce titre m'avait fait pressentir une de ces pièces françaises dont la tenue n'a d'égale que celle des films français, nous nous étions promis, mon ami Pierre Unik et moi, d'y prendre le soir de ce même dimanche un divertissement de haut goût. Le programme imprimé que je consultai dans la salle annonçait, à ma surprise, le premier acte sous le titre : « Le contentieux Batifol ». Au lever du rideau non seulement je pus constater que ces mots servaient à désigner, dans l'esprit de l'auteur, une officine louche, mais encore que la troupe qui donnait cette représentation avait été recrutée exclusivement parmi les habitués du café du faubourg Saint-Martin.

J'ai déjà dit que l'heure passa sans que je visse venir la décidément très capricieuse ou très moqueuse enfant de la maison noire. Pour ne pas déjeuner seul, je me décidai à inviter la cliente matinale qui venait enfin de terminer sa correspondance. Elle était, d'ailleurs, charmante et d'une liberté de langage qui me ravit, n'ayant rien à envier à celle de Juliette, dans le merveilleux livre de Sade. Je m'appliquai à lui donner la réplique sur le même ton. Le cynisme absolu qu'elle professait me rendait d'instant en instant ses immenses yeux plus limpides. Il en résulta entre nous un dialogue plein de surprises, entre-coupé délicieusement de lettres de sa mère et de sa jeune sœur qu'elle me lisait, lettres d'une niai-serie stupéfiante, dont j'ai toujours regretté de ne pas lui avoir demandé à prendre copie, et qui avaient toutes pour but d'obtenir d'elle, à l'instiga-tion d'un curé de village, qu'elle ne manquât pas d'accomplir ponctuellement ses devoirs religieux. Je l'accompagnai jusqu'à Meudon, où, me confia-t-elle, l'attendait un vieillard sensible à ses charmes et pour qui elle me demanda de lui ache-ter des fleurs. Elle me dit en passant, connaître ou avoir connu Henri Jeanson, le revuiste, ce qui, joint à l'insistance qu'elle mettait à examiner mes cheveux, dont la coupe fraîche — je porte en arrière les cheveux assez longs — lui inspirait une certaine défiance, eut pour effet de me faire évo-quer l'article que le matin j'avais lu de Samson et de me faire confondre en parlant, les jours qui sui-virent, les noms de ces deux personnages. Je sus d'autre part qu'elle dansait aux Folies-Bergère et était affublée du nom de Parisette. Ce mot, jeté dans sa conversation, pour moi des plus poétiques, me fit précisément souvenir d'un film à épisodes français dont c'était le titre. Il y a plusieurs années, en réponse à une enquête du *Figaro* sur les tendances de la poésie moderne, je m'étais plu à opposer la poésie tout involontaire de ce film à la poésie écrite d'aujourd'hui. Celle-ci, d'après ma déclaration d'alors, ne vaut plus même la peine qu'on s'en occupe : « Autant suivre *Parisette* et les interrogatoires de cours d'assises. »

Cédant à l'attirance que depuis tant d'années exerce sur moi le quartier Saint-Denis, attirance que je m'explique par l'isolement des deux portes qu'on y rencontre et qui doivent sans doute leur aspect si émouvant à ce que naguère elles ont fait partie de l'enceinte de Paris, ce qui donne à ces deux vaisseaux, comme entraînés par la force centrifuge de la ville, un aspect totalement éperdu, qu'elles ne partagent pour moi qu'avec la géniale tour Saint-Jacques, je flânais vers six heures dans la rue de Paradis, quand l'impression que je venais de passer sans bien le voir devant un objet insolite me fit revenir de quelques mètres sur mes pas. C'était, à la vitrine d'un petit marchand de bas, un bouquet très poussiéreux de cocons de vers à soie suspendus à des branchages secs qui montaient d'un vase incolore. Une réclame à rebours entre toutes. L'idée purement sexuelle du ver à soie et de la jambe que le bas exposé le plus près du vase était fait pour gainer me séduisit sans doute inconsciemment quelques secondes puis elle fit place au désir d'inventer pour le bouquet gris un fond qui le mît particulièrement en valeur. Je me décidai assez vite à lui assigner une place dans l'angle supérieur gauche d'une petite bibliothèque vitrée, que je préférais imaginer de style gothique et accrochable au mur, chez moi, à la façon d'une boîte de papillons. Cette vitrine-bibliothèque eût été de taille à contenir tous les « romans noirs » de l'époque préromantique que je possède et ceux qu'il me tarde encore de découvrir. Je supputai l'effet que ces petits volumes, dans leur charmante reliure Directoire ou sous leur couverture d'un bleu ou d'un rose uni un peu fané, ne pouvaient manquer de produire pour peu qu'on leur ménageât cette présentation. D'autre part ces livres étaient tels qu'on pouvait les prendre et les ouvrir au hasard, il continuait à s'en dégager on ne sait quel parfum de forêt sombre et de hautes voûtes. Leurs héroïnes, mal dessinées, étaient impeccablement belles. Il fallait les voir sur les vignettes, en proie aux apparitions glaçantes, toutes blanches dans les caveaux. Rien de plus excitant que cette littérature ultra-romanesque, archi-sophistiquée. Tous ces châteaux d'Otrante, d'Udolphe, des Pyrénées, de Lovel, d'Athlin et de Dunbayne, parcourus par les grandes lézardes et rongés par les souterrains dans le coin le plus enténébré de mon esprit persistaient à vivre de leur vie factice, à présenter leur curieuse phosphorescence. Ils me rappelaient aussi ma lointaine enfance, le temps où, à la fin des classes, des histoires beaucoup plus terrifiantes, dont je n'ai jamais pu savoir où il les prenait, nous étaient contées, à moi et à mes petits camarades de six ans, par un singulier maître d'école auvergnat

117

nommé Tourtoulou. N'importe, ce meuble eût été très beau, je m'intéressai toute une soirée à sa réalisation impossible. Je voulais sans doute par-dessus tout, à ce moment-là, édifier ce petit temple à la Peur.

Le lendemain matin, vers six heures et demie, je notai cette phrase de réveil : « Dans les régions de l'extrême Extrême-Nord, *sous* les lampes qui filent...... erre, en t'attendant, Olga[1]. » J'ai eu le tort, jadis, au cours du premier *Manifeste du Surréalisme*, de donner une interprétation par trop lyrique du mot « Béthune » qui m'était revenu avec insistance à l'esprit sans que je parvinsse à lui accorder de détermination spéciale. Je pense aujourd'hui que j'avais mal cherché. Toujours est-il qu'en aucun cas cela ne devait m'engager à me rendre à Béthune (et le fait est que je ne m'y suis pas rendu). Il est difficile d'échapper, dans certaines conditions d'existence déplorables comme celles dans lesquelles, en ouvrant les yeux le mardi 22 avril je me trouvais placé, à la tentation de saisir la première occasion qui s'offre de se mouvoir, surtout s'il doit en résulter un dépaysement complet. J'avoue que ma première pensée,

1. Le mot *sous* était souligné par la voix intérieure qui semblait y mettre quantité d'intentions. Les points tiennent la place de je ne sais quels mots destinés à meubler poétiquement l'intervalle séparant les deux membres de la phrase. Il était en quelque sorte spécifié que cette période, marmonnée et volontairement inintelligible, pouvait être remplacée par toute autre qui fût aussi neutre qu'elle et aussi susceptible de ralentir seulement le mouvement oratoire.

en considérant cette phrase, fut encore d'aller voir en Islande, je ne sais où, en Finlande, ce que cette Olga du soir me voulait. La réalité, comme j'ai eu cette fois bel et bien l'occasion de m'en convaincre, était d'une nature moins entraînante. Je tiens à faire ici, pour me disculper, la synthèse d'« Olga ».

Il se trouvait tout simplement que l'avant-veille, dans une vie de Rimbaud qui venait de paraître et que je lisais tout en me promenant boulevard Magenta, j'avais appris que le dernier vers des « Voyelles » :

O l'Oméga, rayon violet de Ses Yeux

témoignait du passage, dans la vie du poète, d'une femme dont les yeux *violets* le troublèrent et que peut-être il aima d'une manière malheureuse. Cette révélation biographique était pour moi du plus grand intérêt. J'éprouve, en effet, pour le violet une horreur sans borne, qui va jusqu'à m'empêcher de pouvoir séjourner dans une pièce où cette couleur, même hors de ma perception directe, laisse filtrer quelques-uns de ses rayons mortels [1]. Il m'avait été agréable d'apprendre que Rimbaud, dont l'œuvre jusque-là me paraissait trop à l'abri des tempêtes passionnelles pour être

1. « Urbantschitsch, en examinant un grand nombre de personnes qui n'étaient pas sujettes à l'audition colorée, trouva qu'une note élevée du diapason semble plus haute quand on regarde du rouge, du jaune, du vert, du bleu; plus basse si l'on regarde du violet. » (Havelock Ellis.)

pleinement humaine, avait de ce côté éprouvé au moins une déception grave. De plus, les yeux des femmes étaient, comme je l'ai donné suffisamment à entendre, tout ce sur quoi je pouvais prétendre me guider alors. Maintes fois, et très récemment encore, je m'étais ouvert à quelque ami de l'extraordinaire nostalgie où me laissaient, depuis l'âge de treize ou quatorze ans, de tels yeux violets qui m'avaient fasciné chez une femme qui devait faire le trottoir à l'angle des rues Réaumur et de Palestro. J'étais, je me souviens si bien, avec mon père. Jamais plus par la suite, et peut-être est-ce fort heureux, car je ne me fusse peut-être plus soucié d'autre chose en elle, ni en une autre, je ne m'étais retrouvé devant pareil sphinx. A peine plus tard enfin — ceci, quoique tout aussi réel, demeurait moins net — j'avais éprouvé un vif désir pour une jeune fille d'origine russe près de qui je faisais en sorte de m'asseoir à l'impériale de l'omnibus qui me conduisait au collège. Cette jeune fille s'appelait Olga. Vers le milieu d'avril elle avait été évoquée pour moi par une carte postale ancienne sans légende représentant un jeune homme et une jeune fille assis l'un près de l'autre, et brûlant d'engager conversation à l'une de ces impériales — Paul Éluard et moi nous étions plus à rassembler de telles cartes. — La lettre ω, dont le dessin n'est d'ailleurs pas indifférent du point de vue sexuel, avait fait place au nom d'Olga, surdéterminé par rapport à elle. L'« extrême Extrême-Nord » était fourni comme je l'ai vérifié par hasard, ensuite, par certain passage d'un article du *Journal des Poètes* du 18 avril, lu sans doute machinalement le 21. Dans cet article, qui accompagnait la traduction de *Chants de la tribu des Bœufs musqués* et des *Pays des Grandes Baleines* s'inscrivait une phrase dont le seul début : « Les hommes de l'extrême-nord, naturellement poètes, étant naturellement religieux... », ne fût-ce que parce qu'il corroborait grossièrement, à quelques heures de distance, la plus regrettable erreur de Samson, ne pouvait me laisser qu'un désir médiocre de connaître la suite. Il ne m'eût plus manqué, dans ces conditions, que de m'expliquer pourquoi bien encore les lampes filaient, simple réminiscence sans doute du bouquet fumeux de la veille, et quelle aurore boréale de pacotille pouvait tenir à se cacher derrière le mot *sous*, mais j'avoue que l'évanouissement de cette Olga, qui avait paru me faire des signes de l'autre bout du monde, m'en ôta ce jour-là toute envie.

Sur ces entrefaites prirent fin la plupart des enchantements dont j'étais le jouet depuis quelques jours. Soit que j'eusse projeté sur les traits de cette Olga une lumière dont les êtres de fantaisie s'accommodent aussi mal que possible et qui les condamne, les uns après les autres, à l'évaporation ; soit que tel ou tel épisode de la veille eût été de nature à restituer à mes yeux sa véritable lumière au monde sensible, il me sembla que tout à coup je venais de reprendre connaissance. Cette histoire, pourtant, comporte un mot de la fin, qu'il appartint le vendredi suivant à André Derain de lui fournir. Je n'étais pas encore, loin de là, débarrassé de ma hantise des « romans noirs ». Comme je me promenais rue du Faubourg-Saint-Honoré, *Les Amants somnambules* sous le bras, je rencontrai cet homme extraordinaire dont je déteste la peinture et dont j'aime les propos alternativement très simples et très subtils mais toujours inquiets, cet homme qui dans les tarots m'a identifié une fois pour toutes comme « homme de la campagne » et qui est bien le seul avec qui je réussisse à être à la fois en très bons et en très mauvais termes. J'avais lieu de croire qu'il tournait depuis quelque temps autour de la femme dont l'absence m'avait voué à ces plus ou moins consternantes illusions et de qui précisément, quelques minutes plus tôt, je venais de croiser le mari, à un carrefour. Comme Derain et moi nous nous serrions la main, un violent coup de tonnerre éclata, déchaînant instantanément une pluie torrentielle : « Décidément, me dit-il en riant, le temps n'est pas pour qu'on se voie. — Comment l'interprétez-vous ? — (Dans un haussement d'épaules) : Il y aura du bon vin cette année. »

Il doit être impossible, en considérant ce qui précède, de ne pas être frappé de l'analogie qui existe entre l'état que je viens de décrire pour avoir été le mien à cette époque et l'état de rêve, tel qu'on le conçoit généralement. La différence fondamentale qui tient au fait qu'ici je suis couché, je dors, et que là je me déplace réellement dans Paris, ne réussit pas à entraîner pour moi de part et d'autre des représentations bien distinctes. Sur ces deux plans opposables, la même faveur et la même défaveur me poursuivent. Les portes de la moralité, en s'ouvrant devant moi, ne me permettent pas de m'introduire avec certitude dans un monde plus consistant que celui sur lequel, un peu plus tôt, un peu plus tard, ces portes peuvent être fermées. Certes je me prête entre-temps à l'accomplissement d'un petit nombre d'actes plus ou moins réfléchis, comme ceux de me laver, de me vêtir, de me comporter à peu près comme d'ordinaire avec des amis. Mais ceci n'est plus guère qu'exercice d'une fonction coutumière comme celle de respirer en dormant, ou encore libre jeu d'un ressort qui n'a pu que partiellement se débander. Beaucoup plus significatif est d'observer comme l'exigence du désir à la recherche de l'*objet* de sa réalisation dispose étrangement des données extérieures, en tendant égoïstement à ne retenir d'elles que ce qui peut servir sa cause. La vaine agitation de la rue est devenue à peine plus gênante que le froissement des draps. Le désir est là, taillant en pleine pièce dans l'étoffe pas assez vite changeante, puis laissant entre les morceaux courir son fil sûr et fragile. Il ne le céderait à aucun régulateur objectif de la conduite humaine. Ce qu'il met en œuvre, ici encore, pour arriver à ses fins est si peu différent de ce dont il dispose pour se réaliser quand l'homme dort ! Et pourtant les matériaux qu'il utilise sont ici des matériaux réels, des choses prises sur le vif ! Cette femme qui a tels yeux il n'en veut pas, il veut seulement de ses yeux. Il sait pourtant que cette femme existe. Ce dessin humoristique pillé dans un journal a bien trouvé le moyen de s'inscrire dans un numéro du *Rire*, le dernier. Le café Batifol n'est pas un mythe ; on pourrait même en faire une de ces descriptions naturalistes dont la gratuité toute photographique n'exclut pas une très faible ressemblance objective extérieure (j'aime ces descriptions : on y est et on n'y est pas ; il y a, paraît-il, tant de pieds d'aspidistra sur le comptoir en faux marbre pas tout à fait blanc et vert ; le soir, aux lampes, un pointillé de rosée relie sous un certain angle les échancrures des corsages, où brimbale à perte de vue le même petit crucifix de faux brillants, qui s'évertue à attiser l'éclat du rouge et du rimmel, etc. Tout cela n'est d'ailleurs pas complètement dénué d'intérêt ; on arrive, par ce moyen, à l'imprécision complète). Il me paraît y avoir quelque chose de fallacieux dans le sort que des poètes [1] ont cru devoir faire récemment à la phrase de Nerval : « Chacun sait que dans les rêves on ne voit jamais le soleil, bien qu'on ait souvent la perception d'une clarté beaucoup plus vive. » Je vois mal ce qu'une constatation négative de cet ordre, même à supposer qu'elle soit objectivement vérifiée, pourrait avoir

---

1. Cf. *Le Grand Jeu*, n° 3, automne 1930.

de si remarquable, de si décisif. Peu importe, au reste, puisqu'en ce mi-avril, je n'étais pas dans mes pérégrinations totalement privé de soleil, comme je crois l'avoir fait valoir dans la présentation, au début de ce récit, d'une jambe, la première qui depuis longtemps m'eût paru ravissante. Le soleil ! Mais que ne me voulaient pas alors, aussi bien, les autres planètes ! Je ne suis pas de ceux qui dédaigneraient, à ce sujet, de consulter les éphémérides. Il y a toutes sortes de moyens de connaissance et certes l'astrologie pourrait en être un, des moins négligeables, à condition qu'en soient contrôlées les prémisses et qu'y soit tenu pour postulat ce qui est postulat. Mais, de grâce, passons les hymnes au soleil ! Il convient, me semble-t-il, de s'élever contre ce « soleil », grand distributeur des valeurs réelles. Un reflet de plus ou de moins n'est pas, si nous hésitons à proclamer la réalité du monde extérieur, ce qui nous tirera d'embarras. Ce monde extérieur, pour moi tout voilé qu'il fût, n'était pas brouillé avec le soleil. Ce monde, je savais qu'il existait en dehors de moi, je n'avais pas cessé de lui faire confiance. Il n'était pas pour moi, comme pour Fichte, le non-moi créé par mon moi. Dans la mesure où je m'effaçais sur le passage des automobiles, où je ne me permettais pas de vérifier, aux dépens de qui bon me semblait, fût-ce de moi-même, le bon fonctionnement d'une arme à feu, j'en allais même, à ce monde, de mon plus beau coup de chapeau. Je pense que ceci doit suffire. Il n'en est pas moins vrai qu'à cette soumission près, je tentais désespérément, de toutes mes forces, d'extraire du *milieu*, à l'exclusion de tout le reste, ce qui devait d'abord servir à la reconstitution de ce moi. Par quel discernement incompréhensible une pareille chose se peut-elle ? C'est là, selon moi, une question de caractère métaphysique à quoi tout me dissuade de fournir une réponse, au cours de laquelle ne saurait intervenir à nouveau que la nécessité naturelle, qui continue à ne pas être la nécessité humaine ou logique et qui est la seule nécessité dont puisse dépendre que j'aie commencé à exister et que je cesse d'exister. *Tant que j'existe*, j'observe qu'autour de moi la fureur des flots ne peut manquer de susciter cette bouée de sauvetage. Je sais qu'il y aura toujours une île au loin, tant que je vivrai. Ce n'est en rien comme dans le rêve où il m'arrive d'être blessé à mort, ce qui fait que je m'éveille pour ne pas mourir. Le débat me paraît ne pouvoir se centrer mieux qu'autour de cette pensée de Pascal : « Personne n'a d'assurance hors la foi s'il veille ou s'il dort ; vu que durant le sommeil on ne croit pas moins fermement veiller qu'en veillant effectivement... De sorte que la moitié de la vie se passant en sommeil par notre propre aveu... qui sait si cette autre moitié de la vie où nous pensons veiller n'est pas un sommeil un peu différent du premier, dont nous nous éveillons quand nous pensons dormir ? » Ce raisonnement, pour être valable, exigerait tout d'abord dans son balancement que si durant le sommeil on croit veiller, durant la veille on crût dormir, et cette dernière illusion est des plus exceptionnelles. Cette dernière conjoncture ne serait encore pas de force à justifier le second membre de la phrase : puisqu'il n'en serait pas moins établi que le sommeil et la veille se partagent la vie, pourquoi cette tricherie au bénéfice du sommeil ? Et qu'est-ce, de plus, que ce sommeil qui n'est pas défini par rapport à une veille, si ce n'est, comme je crois devoir le penser, connaissant un peu l'auteur, à une veille éternelle, dont il serait à plus forte raison impossible d'avoir d'assurance *hors la foi* ? Qu'est-ce que ce procès intenté à la vie réelle sous prétexte que le sommeil donne l'illusion de cette vie, illusion découverte à l'éveil, alors que dans le sommeil la vie réelle, à supposer qu'elle soit illusion, n'est en rien critiquée, tenue pour illusoire ? Ne serait-on pas aussi fondé, parce que les ivrognes voient double, à décréter que pour l'œil d'un homme sobre, la répétition d'un objet est la conséquence d'une ivresse *un peu différente* ? Comme cette différence résulterait du fait matériel d'*avoir bu* ou de *ne pas avoir bu*, j'estime qu'il n'y a pas lieu d'insister. Raison de plus, d'ailleurs, pour faire valoir ce qui peut exister de commun entre les représentations de la veille et celles du sommeil. C'est seulement, en effet, lorsque la notion de leur identité sera parfaitement acquise que l'on parviendra à tirer clairement parti de leur différence, de manière à renforcer de leur *unité* la conception matérialiste du monde réel.

C'est à dessein que j'ai choisi, pour la retracer, l'époque de ma vie que je puis considérer, par rapport à moi, comme moment particulièrement irrationnel. Il s'agissait, comme on l'a vu, du moment où, soustrait à toute activité pratique par la privation intolérable d'un être, de sujet et d'objet que j'avais jusqu'alors été et que je suis redevenu, je ne parvenais plus à me tenir que pour sujet. J'étais tenté de croire que les choses de la vie, dont je retenais à peu près ce que je voulais, plus exactement dont je ne retenais que ce dont je pouvais avoir le besoin immédiat, ne s'organisaient ainsi que pour moi. Ce qui se produisait, non sans lenteur et sans avatars exaspérants, dans la mesure où j'en prenais conscience, me paraissait m'être dû. J'y trouvais des indications, j'y cherchais des promesses. Ceux qui se seront trouvés dans une situation analogue ne m'en voudront pas. De ce rêve éveillé, traînant sur plusieurs jours, le contenu manifeste était, à première vue, à peine plus explicite que celui d'un rêve endormi. La cravate ou l'azalée, le mendiant ou la folle, la nappe blanche ou la place Blanche — je n'y avais pas encore pensé — qui servent, au cours de ce qui précède, à évoquer deux dames allemandes distinctes, ne jouissent pas les uns sur les autres d'une bien grande supériorité concrète. Il semble qu'ici et là le désir qui, dans son essence, est le même, s'empare au petit bonheur de ce qui peut être utile à sa satisfaction. C'est pur jeu de l'esprit de croire que dans le rêve éveillé il le *crée*. A défaut de ce qu'il trouve, je suppose, au contraire, qu'autre chose lui serait bon, tant il est vrai qu'il dispose de moyens multiples pour s'exprimer. On finira bien par admettre, en effet, que tout *fait image* et que le moindre objet, auquel n'est pas assigné un rôle symbolique particulier, est susceptible de figurer n'importe quoi. L'esprit est d'une merveilleuse promptitude à saisir le plus faible rapport qui peut exister entre deux objets pris au hasard et les poètes savent qu'ils peuvent toujours, sans crainte de tromper, dire de l'un qu'il est *comme* l'autre : la seule hiérarchie qu'on puisse établir des poètes ne peut même reposer que sur le plus ou moins de liberté dont ils ont fait preuve à cet égard [1]. Le désir, lui, s'il est vraiment vital, ne se refuse rien. Toutefois, si la matière première qu'il utilise lui est jusqu'à un certain point indifférente, il n'est

1. Comparer deux objets aussi éloignés que possible l'un de l'autre, ou, par toute autre méthode, les mettre en présence d'une manière brusque et saisissante, demeure la tâche la plus haute à laquelle la poésie puisse prétendre. En cela doit tendre de plus en plus à s'exercer son pouvoir inégalable, unique, qui est de faire apparaître l'unité concrète des deux termes mis en rapport et de communiquer à chacun d'eux, quel qu'il soit, une vigueur qui lui manquait tant qu'il était pris isolément. Ce qu'il s'agit de briser, c'est l'opposition toute formelle de ces deux termes; ce dont il s'agit d'avoir raison, c'est de leur apparente disproportion qui ne tient qu'à l'idée imparfaite, infantile qu'on se fait de la nature, de l'extériorité du temps et de l'espace. Plus l'élément de dissemblance immédiate paraît fort, plus il doit être surmonté et nié. C'est toute la signification de l'objet qui est en jeu. Ainsi deux corps différents, frottés l'un contre l'autre, atteignent, par l'étincelle, à leur unité suprême dans le feu; ainsi le fer et l'eau parviennent à leur résolution commune, admirable, dans le sang, etc. La particularité extrême ne saurait être l'écueil de cette manière de voir, de sentir : aussi bien la décoration architecturale et le beurre se conjuguent-ils parfaitement dans le *torma* thibétain, etc.

pas aussi riche quant à la manière de la traiter. Que ce soit dans la réalité ou dans le rêve, il est contraint, en effet, de la faire passer par la même filière : condensation, déplacement, substitutions, retouches. Tout ce qui s'est déroulé pour moi de ce 5 à ce 24 avril tient dans le petit nombre de faits que j'ai rapportés et qui, mis bout à bout, les temps d'attente naturellement non comptés, n'occuperaient pas plus de quelques heures. Je n'arrive plus à savoir de quoi le reste a pu être fait. La mémoire ne me restitue de ces quelques jours que ce qui peut servir à la formulation du désir qui primait à ce moment pour moi tous les autres. Le fait que le récit qu'on vient de lire soit celui d'événements déjà lointains, de sorte que s'y mêle fatalement une part d'interprétation tendant à le regrouper autour de son véritable noyau, rend peut-être moins aisé à saisir le travail de déplacement. Celui-ci n'en a pas moins contribué à l'élaboration de ce qui, si j'avais à l'époque tenu un journal de ma vie, se fût imposé comme contenu manifeste à l'attention. Très probablement, c'est autour de l'activité antireligieuse que tout, alors, eût paru se centrer. Rien de moins paradoxal, encore, si l'on songe que la femme, devenue momentanément une créature impossible, ne se maintenait plus devant ma pensée que comme objet d'un culte spécial, nettement idolâtre, et que j'avais à me défendre contre cette déviation inhumaine. L'activité antireligieuse prenait, de la sorte, pour moi, en dehors de la valeur objective qu'avec mes amis je lui accordais, un sens subjectif très particulier. Pour que ceci ressorte avec évidence de mon exposé, sans doute faudrait-il que le temps qui me sépare de ces événements ne se soit pas chargé d'opérer leur filtrage. Les substitutions d'êtres ou d'objets les uns aux autres ont, par contre, été, je crois, des plus sensibles. Le passage flagrant des yeux du 5 avril aux yeux du 12, aux yeux d'une figure d'aquarelle et aux yeux violets, la confusion de J.-P. Samson et H. Jeanson, le rapprochement d'ailleurs peu raisonnable et précipité de l'incident du boulevard Malesherbes et de l'arrestation de cinq aimables filous, permettent même de leur assigner au cours de cette quinzaine un rôle des plus actifs. Il y a eu, notamment, du côté de la femme, tentative de constitution d'une personne collective qui fût de force à se substituer elle-même, pour des raisons de conservation humaine très précises, à une personne réelle. Je n'ai pas à m'étendre sur le travail d'élaboration secondaire, qui préside aux retouches dans le rêve et à plus forte raison dans cet état de rêverie éveillée, où la plus grande partie de l'attention de veille fonctionne. C'est à lui que le récit précédent est évidemment redevable de tous ses éléments critiques et de cette façon qu'on y observe (de même que dans le rêve : qu'importe, puisque c'est un rêve !) de penser à propos de la réalité dont on vient d'avoir par trop à se plaindre : qu'importe, puisque je n'ai qu'à appeler le sommeil à mon aide, qu'à me comporter le plus possible comme dans le sommeil pour me jouer de cette réalité !

Une telle façon de réagir envers les données extérieures dépendant exclusivement, comme elle fait, de l'état affectif du sujet, état affectif qui est ici aussi désastreux que possible, on conçoit que tous les intermédiaires puissent exister entre la reconnaissance pure et simple du monde extérieur pour ce qu'il est et sa négation au profit d'un système de représentations favorables (ou défavorables) à l'individu humain qui se trouve placé devant lui. Les idées de persécution, de grandeur ne sont pas très loin d'entrer en jeu; elles n'attendent plus que l'occasion de se déchaîner, à la faveur du tumulte mental. A cette limite, il faut bien convenir que l'attention subissant une crise grave, toute particulière, les représentations, en ce qu'elles offrent ordinairement d'objectif, se trouvent viciées. De même que derrière le rêve on ne découvre en dernière analyse qu'une substance réelle empruntée aux événements déjà vécus, l'appauvrissement extrême de cette substance condamne l'esprit à chercher refuge dans la vie de rêve. L'emmagasinement de nouveaux matériaux, comme au moment d'une faillite, n'est plus qu'une obligation dont l'homme s'acquitte à contrecœur. Le passif est trop élevé; on ne sait si les nouvelles marchandises qui arrivent couvriront seulement les frais de leur magasinage. Il y a tendance à s'en débarrasser immédiatement. Le rêve, qui manque depuis quelque temps d'aliment, fait ici figure de liquidateur. Il tend à décharger l'homme, à bas prix, de ce dont celui-ci n'espère plus avoir l'usage. Il obtient tout ce qu'il veut en me persuadant que, libéré de telle créance, je me découvrirai peut-être une nouvelle raison sociale, je pourrai recommencer à vivre sous un autre nom. Il est, dans son argumentation, à la fois d'une subtilité et d'une arrogance telles qu'il parvient à se faire accorder sur-le-champ tout ce dont en de meilleurs jours j'eusse pu réellement tenir à disposer. Il me barre littéralement l'action pratique. Les lois générales du mouvement de ce qui existe se trouvent perdues de vue par le sujet qui n'arrive plus à se considérer comme simple moment de ces lois. La balance dialectique voit son équilibre rompu au bénéfice du sujet qui, las de dépendre de ce qui lui est extérieur, cherche par tous les moyens à faire dépendre ce qui lui est extérieur de lui-même. En ce point seulement — ce n'est sans doute pas autrement que s'explique la très singulière détermination au suicide chez certains êtres — la méthodologie de la connaissance, gênée dans sa démarche qui tend de plus en plus à l'abstraire de l'objet, se révèle vulnérable, court son propre danger mortel.

Cette idée bat soudain pour moi le rappel de la sinistre trilogie énoncée par Borel, au cours de l'admirable poème liminaire de *Madame Putiphar* : Le Monde, le Cloître, la Mort. Et aussi se pressent dans mon esprit les victimes les plus attachantes de ces trois Parques. Je vois, dans l'époque moderne, Barrès, Valéry livrés aux bêtes des salons et aux honneurs, je les vois faire petit à petit comme les autres, plus mal que les autres. J'évoque la grâce très sombre et très décevante de Mlle de Roannez, pour qui dut être écrit le *Discours sur les Passions de l'Amour*, cette grâce contre laquelle l'auteur parvient mal encore à se parer sous les ombrages horribles de Port-Royal; puis l'ultimatum bizarre adressé par Barbey d'Aurevilly à Huysmans : « La bouche du pistolet ou les pieds de la croix. » Je retrouve, avant qu'ils eussent consenti au grand geste interrogatif qui devait faire d'eux des cadavres, le son de voix de Majakowsky, celui que je prête à ses poèmes, celui de Jacques Vaché, de Jacques Rigaut, que j'ai connus personnellement. Le voilà bien, tendu de toutes ces mains, le mauvais remède, le remède pire que le mal ! La voilà bien, la conséquence du système idéaliste subjectif poussé à l'extrême, du système à base de malheur ! Rien n'empêche, on le voit surtout dans le dernier cas, qu'il soit développé à fond, avec esprit de suite. Je ne puis, revenant à cette phrase de Pascal que j'ai citée, ne pas faire la part des considérations affectives très troublantes qui ont pu concourir à sa formation. Je me refuse à y voir autre chose que l'expression du découragement personnel d'un homme. Les trappes, cet accessoire indispensable du guignol humain, de celle qui sert à engouffrer les palotins dans *Ubu Roi* à celle dont l'auteur d'*En Route* a bien voulu s'accommoder, continuent à desservir le monde, dans la mesure où n'y suffisent pas les corbillards et les voitures de voirie. On est toujours en présence du même maître d'école aux yeux crevés, celui des *Mystères de Paris* d'Eugène Sue, que Marx a considéré comme le prototype de l'homme isolé du monde extérieur : « Pour l'homme pour qui le monde extérieur se change en simple idée, les simples idées deviennent des êtres sensibles. » Le cloître n'est d'abord, à vrai dire, que le symbole de cette cécité involontaire ou volontaire. L'être qu'il tente n'est, pour commencer, que le jouet de la priorité accordée, pour une raison ou pour une autre, mais toujours pour une raison morbide, aux représentations hallucinatoires sur les représentations réalistes. Très rapidement d'ailleurs celles-ci reviennent à la charge puisque aussi bien il ne saurait être question de détemporaliser le monde religieux. L'individu cloîtré, qu'il le veuille ou non, devient de tout son agissement facteur de ce monde qui n'existe qu'en fonction de l'autre et vit sur le plan réel en parasite de celui-ci. Comme, d'autre part, l'a montré Marx dans sa quatrième thèse sur Feuerbach, le fait du dédoublement de la base temporelle du monde religieux en ses parties antagonistes ne saurait avoir de sens qu'à la condition qu'il soit établi que « Dieu » n'est pas la création toute abstraite de l'homme et les conditions d'existence qui lui sont prêtées le reflet des conditions d'existence de l'homme. Mais, de la même manière que le rêve puise tous ses éléments dans la réalité et n'implique hors de celle-ci la reconnaissance d'aucune réalité autre ou nouvelle, de sorte que le dédoublement de la vie de l'homme en *action* et en *rêve*, qu'on s'efforce également de faire tenir pour antagonistes, est un dédoublement purement formel, une fiction, toute la philosophie matérialiste, appuyée par les sciences naturelles, témoigne du fait que la vie humaine, conçue *hors* de ses limites strictes que sont la naissance et la mort, n'est à la vie réelle que ce que le rêve d'une nuit est au jour qui vient d'être vécu. Dans l'apologie du rêve tenu pour terrain d'évasion et dans l'appel à une vie surnaturelle ne trouve pareillement à s'exprimer qu'une volonté toute platonique d'amendement dont c'est en même temps le désistement complet. A cette volonté inopérante s'oppose et ne peut s'opposer tout d'abord qu'une volonté de transformation des causes profondes du dégoût de l'homme, qu'une volonté de bouleversement général des rapports sociaux, qu'une volonté *pratique* qui est la volonté révolutionnaire. — Et qu'on ne m'objecte pas que j'ai cependant donné prise à la démoralisation apparemment la plus vaine, comme j'ai tenu à le montrer moi-même, au cours d'une période assez étendue : n'ai-je pas été le premier à dire qu'alors, comme il arrive lorsqu'on est sous le coup d'une émotion trop violente, la faculté critique était presque abolie en moi? Mais ce temps d'indisponibilité passé, je demande qu'on me rende cette justice, rien de ce qui jusque-là avait fait pour moi la grandeur et le prix exceptionnels de l'amour humain n'était, dans son essence, compromis. Tout au contraire mon premier mouvement fut de rechercher sur quelle pierre était venu achopper tout ce que, sous-estimant passagèrement le malentendu social, j'avais eu la faiblesse de tenir en moi pour la possession de la vérité. L'amour humain est à réédifier, comme le reste : je veux dire qu'il *peut*, qu'il doit être rétabli sur ses vraies bases. La souffrance, ici encore, n'est de rien ou plus exactement convient-il qu'elle ne soit tenue pour valable que dans la mesure où, comme toute autre manifestation de la sensibilité humaine, elle est créatrice d'activité pratique. Il faut qu'elle aide l'homme non seulement à concevoir, pour commencer, le mal social actuel, mais encore qu'elle soit, de même que la misère, l'une des grandes forces qui militent pour qu'un jour ce mal soit limité. Les amants qui se quittent n'ont rien à se reprocher s'ils se sont aimés. A bien examiner les causes de leur désunion on verra qu'en général ils étaient si peu en pouvoir de disposer d'eux-mêmes! Le progrès, ici encore, n'est concevable que dans une série de transformations dont la durée enraye passablement celle de ma vie, de transformations parmi lesquelles je sais d'autant mieux qu'il en est une qui s'impose d'urgence, — la brièveté de cette vie intervenant comme facteur concret et passionnant dans le sens de cette nécessité primordiale qui prend forme d'urgence — une qui permettra l'accession à l'amour et aux autres biens de la vie de cette nouvelle génération annoncée par Engels : « Une génération

137

d'hommes qui jamais de leur vie n'auront été dans le cas d'acheter à prix d'argent, ou à l'aide de toute autre puissance sociale, l'abandon d'une femme ; et une génération de femmes qui n'auront jamais été dans le cas de se livrer à un homme en vertu d'autres considérations que l'amour réel, ni de se refuser à leur amant par crainte des suites économiques de cet abandon. » Je sais, dis-je, qu'il y a une tâche à laquelle l'homme qui s'est tenu un jour pour gravement frustré dans ce domaine peut encore moins qu'un autre se soustraire. Cette tâche, qui, loin d'ailleurs de lui masquer toutes les autres, doit, au contraire, lui livrer en s'accomplissant la compréhension perspective de toutes les autres, c'est sa participation au balaiement du monde capitaliste.

III

« Vous ne pourrez jamais voir cette étoile comme je la voyais. Vous ne comprenez pas : elle est comme le cœur d'une fleur sans cœur. »

Nadja.

Les hommes actuellement en vie auxquels échoit, avant d'être vraiment départie à tous les hommes, la tâche de dégager l'intelligible du sensible et d'aider à la réalisation du bien, au sens où celui-ci doit ne faire qu'un avec le vrai, se trouvent aux prises avec une difficulté fondamentale, qu'il serait contraire à la vie de sous-estimer sous prétexte qu'elle est uniquement fonction du temps qui est le leur, qu'elle ne peut manquer de s'aplanir dès que l'économie mondiale aura été arrachée à son instabilité. Cette difficulté provient de ce qu'un pays, l'U.R.S.S., ayant, à l'exclusion des autres, récemment triomphé de l'obstacle le plus considérable qui s'oppose, dans la société moderne, à la réalisation de ce bien (je veux parler de l'exploitation d'une classe par l'autre), l'idée pratique, agissante, dont le rôle dans le temps est précisément de se soumettre une série d'obstacles pour en triompher, bute à chaque pas sur la nécessité de combler à tout prix le fossé qui sépare ce pays libre de l'ensemble des autres pays. Cette

141

opération ne peut, bien entendu, être conduite que dans le sens d'une délivrance de ces derniers pays et non du retour à l'esclavage du premier. Toute autre conception entrerait, en effet, en contradiction tant avec l'idée du « devoir être » qu'avec la caractérisation la plus objective du fait historique, avec lequel, en dernière analyse, cette idée du « devoir être » s'identifie. Si l'on s'en tenait à ces données immédiates du problème, il est clair que l'action pratique se déduirait, dans ses modalités, fort clairement. L'effort humain demanderait à être appliqué, provisoirement, en un seul point : le devoir de l'intellectuel, en particulier, serait de renoncer aux formes de la pensée spéculative en ce que celles-ci ont d'abstrayant du temps fini et de l'espace fini. Tant que le pas décisif n'aurait pas été fait dans la voie de cette libération générale, l'intellectuel devrait, en tout et pour tout, s'efforcer d'agir sur le prolétariat pour élever son niveau de conscience en tant que classe et développer sa combativité.

Cette solution toute pragmatique ne résiste malheureusement pas à l'examen. Elle n'est pas plus tôt formulée qu'elle voit se dresser contre elle des objections tour à tour essentielles et accidentelles.

Elle fait exagérément bon marché, tout d'abord, du conflit permanent qui existe chez l'individu entre l'idée théorique et l'idée pratique, insuffisantes l'une et l'autre par elles-mêmes et condamnées à se borner mutuellement. Elle n'entre pas dans la réalité du détour infligé à l'homme par sa propre nature, qui le fait dépendre non seulement de la forme d'existence de la collectivité, mais encore d'une nécessité subjective : la nécessité de sa conservation et de celle de son espèce. Ce désir que je lui prête, que je lui connais, qui est d'en finir au plus tôt avec un monde où ce qu'il y a de plus valable en lui devient de jour en jour plus incapable de donner sa mesure, ce désir dans lequel me paraissent pouvoir le mieux se concentrer et se coordonner ses aspirations généreuses, comment ce désir parviendrait-il à se maintenir opérant s'il ne mobilisait à chaque seconde tout le passé, tout le présent personnels de l'individu ? Quel risque ne courrait-il pas à ne compter, pour arriver à ses fins, que sur la tension d'une corde le long de laquelle il s'agirait à tout prix de passer, défense faite, à partir de l'instant où l'on s'est engagé sur elle, de regarder au-dessus et au-dessous ! Comment pourrais-je admettre qu'un tel désir échappe seul au processus de réalisation de tout désir, c'est-à-dire ne s'embarrasse pas des mille éléments de vie composite qui sans cesse, comme des pierres un ruisseau, le détournent et le fortifient ! Bien plutôt importe-t-il, de ce côté de l'Europe, que nous soyons quelques-uns à maintenir ce désir en état de se recréer sans cesse, centré qu'il doit être par rapport aux désirs humains éternels si, prisonnier de sa propre rigueur, il ne veut pas aller à son appauvrissement. Lui vivant, ce désir ne doit pas faire que toutes questions ne demeurent pas posées, que le besoin de savoir *en tout* ne suive pas son cours. Il est bien, il est heureux que des expéditions soviétiques, après tant d'autres, prennent aujourd'hui le chemin du Pôle. C'est là encore, pour la Révolution, une manière de nous faire part de sa victoire. Qui oserait m'accuser de retarder le jour où cette victoire doit apparaître comme totale en montrant du doigt quelques autres zones, non moins anciennes et non moins belles, d'attraction ? Une règle sèche, comme celle qui consiste à requérir de l'individu une activité strictement appropriée à une fin telle que la fin révolutionnaire en lui proscrivant toute autre activité, ne peut manquer de replacer cette fin révolutionnaire sous le signe du bien abstrait, c'est-à-dire d'un principe insuffisant pour mouvoir l'être dont la volonté subjective ne tend plus par son ressort propre à s'identifier avec ce bien abstrait. Il est permis de voir là une cause appréciable de collision morale qui pourrait contribuer à entretenir la division actuelle, persistante, de la classe ouvrière. Le caractère protéiforme du besoin humain serait pour faire mettre celui-ci beaucoup plus diversement, beaucoup plus largement à contribution. Toutes les puissances de la revendication immédiate ou non dans lesquelles se reconstitue indifféremment l'élément substantiel du bien, demandent à être exercées.

Les objections accidentelles qui me semblent de nature à venir renforcer ces objections essentielles jouent sur le fait qu'aujourd'hui le monde révolutionnaire se trouve pour la première fois divisé en deux tronçons qui aspirent, certes, de toutes leurs forces à s'unir et qui s'uniront, mais qui trouvent entre eux un mur d'une épaisseur de tant de siècles qu'il ne peut être question de le surmonter et qu'il ne peut s'agir que de le détruire. Ce mur est d'une opacité et d'une résistance telles qu'à travers lui les forces qui, de part et d'autre, militent pour qu'il soit jeté bas, en sont réduites pour une grande part à se pressentir, à se deviner. Ce mur, en proie, il est vrai, à ses lézardes très actives, offre cette particularité que, devant lui, on s'emploie hardiment à construire, à organiser la vie, alors que derrière lui l'effort révolutionnaire est appliqué à la destruction, à la désorganisation nécessaires de l'état de choses existant. Il en résulte une dénivellation remarquable à l'intérieur de la pensée révolutionnaire, dénivellation à laquelle sa nature spatiale, tout épisodique, confère un caractère des plus ingrats. Ce qui est vrai, librement accepté en telle région du monde, cesse ainsi d'être valable, acceptable en telle autre région. Il peut même arriver que ce qui est le mal ici devienne assez exactement le bien là. La généralisation de cette dernière notion se montrerait cependant des plus dangereuses et des plus vaines. Rien ne dit que de mauvaises graines, qu'aile le vent d'ouest, ne réussissent pas à passer journellement de l'autre côté du mur et à s'y développer aux dépens des autres, pour la plus grande confusion de l'homme qui s'efforce de distinguer avec

145

précision ce qui nourrit, ce qui élève, de ce qui abaisse et de ce qui tue. Une telle discrimination se montre d'autant plus délicate, d'autant plus aléatoire que ce qui est conçu ici sous les réserves les plus expresses — en l'attente d'un bouleversement imminent des valeurs — correspondant dans le temps à ce qui est conçu là presque sans réserves — sur la foi de ce bouleversement qui a eu lieu. Il est naturel que les hommes qui pensent de ce côté de la terre, déterminés qu'ils sont à juger toutes choses dans le crépuscule qui leur est fait, se défendent mal d'un mouvement de surprise, d'un geste peut-être en lui-même aussi crépusculaire (« Ce n'est que cela ! ») à la contemplation des images qui leur sont données de ce qui se passe sur cette terre toujours jeune, là-bas vers l'Orient, sur cette terre où tout se doit d'être si différent, si supérieur à ce qu'on attend, à perte de vue, et sur laquelle ne s'agitent après tout encore que des hommes et des femmes incomplètement libérés du souci de vivre, de savoir et, par-ci, par-là, qu'ils s'en cachent ou non, d'être heureux. Je pense aux films russes qu'on passe en France, non sans les avoir châtrés, il est vrai mais qui, vus d'ici, se révèlent si superficiellement optimistes, si médiocrement substantiels. Quel correctif n'est-on pas obligé de faire intervenir pour les trouver émouvants et beaux ! Il faut pour cela prêter à ceux qui les reconnaissent pour leur expression un enthousiasme durable, sur la vertu communicative duquel je crains qu'ils ne s'illusionnent.

146

Presque rien ne passe, en effet, ne parvient jusqu'à nous de l'étreinte d'une nouvelle réalité à travers ces productions doublement trahies par la censure et le dépaysement à la fois physique et moral. Je ne crois pas être tout à fait seul à penser qu'au point de vue révolutionnaire leur valeur de propagande est des plus discutables. On pourrait en dire autant d'un trop grand nombre de documents littéraires ou photographiques qui, depuis une dizaine d'années, nous ont été mis sous les yeux. Heureusement, nous savons — et ceci compense largement cela — nous savons que là-bas les églises s'effondrent et continueront à s'effondrer jusqu'à la dernière : enfin ! Que le produit du travail collectif est réparti, sans privilège, entre les travailleurs : c'est assez. Nous tressaillons pour la première fois au rassemblement lointain d'une armée qui est l'Armée Rouge, et dont la force nous est le meilleur garant de la ruine prochaine de l'idée même d'armée. Bien d'autres représentations nous assaillent encore, qui disposent sur nous, *voyageurs du second convoi*, d'une valeur agitante très supérieure à celle des blés ondulants et des pyramides de pommes du Plan Quinquennal. Si, bien sûr, nous voulons la grandeur, la montée continue de ce pays qui a réalisé ce que nous n'avons pas su encore réaliser nous-mêmes et dont nous nous réjouissons que les habitants prennent de l'avance, non pas *sur* nous mais *pour* nous, ce vœu ne doit pas être pour nous distraire, au contraire, de tout ce qui subsiste contradictoire-

147

ment ailleurs, ne doit pas nous faire prendre en patience le sort qui nous est fait par les convulsions de l'effroyable bête malfaisante qu'est la prétendue civilisation bourgeoise. La répression de plus en plus sanglante qui se déchaîne sur le monde, l'inoubliable appel de ceux qui, de plus en plus nombreux, marchent à la mort dans un chant de liberté, nous font un devoir de trouver en nous et surtout en nous la lucidité et le courage nécessaires pour attaquer à la fois, en tous ses points vulnérables, le monstrueux organisme oppresseur dont il s'agit universellement d'avoir raison. La réalité révolutionnaire ne pouvant être la même pour des hommes qui se situent, les uns en deçà, les autres au-delà de l'insurrection armée, il peut paraître jusqu'à un certain point hasardeux de vouloir instituer une communauté de devoirs pour des hommes inversement orientés par rapport à un fait concret aussi essentiel. Les obligations diplomatiques auxquelles se trouve astreinte l'U.R.S.S., contrainte pour un temps d'entretenir des relations passables avec les États capitalistes, en la privant de prendre en toute circonstance le ton cassant qui serait de rigueur, sont encore, il faut bien le dire, pour accroître le malaise. La nécessité indiscutable pour l'U.R.S.S. de parvenir à une certaine stabilisation matérielle n'est pas pour rendre, ailleurs, moins sensible l'ajournement de diverses modifications fondamentales qu'on eût espéré que la Révolution victorieuse serait à même d'opérer dans le domaine des mœurs. Sous tous ces rapports, il est clair que l'enseignement de la Révolution russe, à son étape actuelle, ne peut être par lui seul qu'un enseignement imparfait, qu'il y a lieu de le rapporter aussi librement que possible à chaque temps et à chaque pays autre pour le faire entrer en composition réelle avec les forces objectives et subjectives que le révolutionnaire veut mettre en action.

Ainsi parvenons-nous à concevoir une attitude synthétique dans laquelle se trouvent conciliés le besoin de transformer radicalement le monde et celui de l'interpréter le plus complètement possible. Cette attitude, nous sommes quelques-uns à nous y tenir depuis plusieurs années et nous persistons à croire qu'elle est pleinement légitime. Nous n'avons pas désespéré, en dépit des attaques multiples qu'elle nous vaut, de faire comprendre qu'elle n'est aucunement opposable à celle des révolutionnaires professionnels, à laquelle, cela serait-il par impossible en notre pouvoir, nous nous en voudrions de faire subir la moindre dérivation. Notre ambition est, au contraire, d'unir, au moyen d'un nœud indestructible, d'un nœud dont nous aurons passionnément cherché le secret pour qu'il soit vraiment indestructible, cette activité de transformation à cette activité d'interprétation. Non, nous ne sommes pas doubles, ce n'est pas vrai, non, il n'y a pas de bigamie grotesque dans notre cas. Nous voulons que ce nœud soit fait, et qu'il donne envie de le défaire, et qu'on n'y parvienne pas. J'ai parlé de suicides. On a beaucoup remarqué, malgré tout, ces congés brusques pris de l'existence par des hommes en qui s'incarnait une passion particulièrement moderne, je veux dire fonction du temps, du présent au suprême degré. Des poètes, des hommes qui, tout bien examiné, la vie, ses pas du tout négligeables raisons d'être, l'idée du meilleur à atteindre, que dis-je, atteint, se recueillaient un soir, un matin très sombrement et, ma foi, décidaient que ce n'était point la peine, en ce qui les concernait, de poursuivre plus avant l'expérience (j'imagine qu'ils prononçaient volontiers, *à tort*, ce mot d'expérience). Leur bizarre cohorte y va de ses ricanements, de ses grincements de dents assez spéciaux chaque fois que notre goût naturel de l'adresse et même de l'apparente acrobatie nous fait côtoyer des abîmes d'une certaine taille, c'est-à-dire plus souvent, comme eux naguère, qu'à notre tour. La nuit définitive qu'ils partagent, pour s'être trouvé avec elle, des coins les plus opposés du monde, une affinité égale tend à jeter un égal discrédit sur ce qui les a animés, mis aux prises, et le plus vainement qui se puisse, réconciliés dans la défaite. Parmi eux figurent en bonne place des révolutionnaires, des êtres qui n'ont pas hésité, après avoir mis hautainement dans un plateau de la balance leur génie, leur foi tout entière et avec elle, cela s'est vu, la foi de centaines de milliers d'hommes, à laisser tomber misérablement dans l'autre un cri insignifiant de souffrance personnelle, capable de l'emporter aussitôt sur tout le reste. On se souvient de la mort obscure d'Essénine, de Majakowsky. Comment non plus ne pas prendre note d'une communication passée il y a quelques mois à la presse révolutionnaire par Elie Selvinsky, leader de l'école constructiviste, qui conclut, certes, dans un sens diamétralement opposé mais qui, tout étayée qu'elle est de considérations affectives personnelles, ne laisse pas non plus d'alarmer? D'après cette communication, je le rappelle, l'auteur, dont la vie fut remarquablement mouvementée (il a exercé vingt métiers, conduit une automitrailleuse en Tauride, fait de la prison, connu d'appréciables succès littéraires, etc.), l'auteur, dis-je, ayant atteint ce tournant de la vie où l'on se sent « décliner » (comment? pourquoi? de quel tournant s'agit-il?) ne parvient à récupérer ses moyens et ses forces qu'en se faisant embaucher à l'Usine Électrique de Moscou en qualité d'apprenti soudeur. Une résolution du comité d'usine, qu'il porte avec fierté à notre connaissance, nous apprend que ses camarades ouvriers louent sans réserves le poème que, peu après son entrée, il a consacré à la vie et aux mœurs de l'usine et attendent de lui de nouvelles réussites sur le même plan. Je serais mal venu à contester à Selvinsky le mérite que les meilleurs juges lui reconnaissent en cette circonstance. Toutefois, je regrette que la seule débilitation de sa faculté créatrice l'ait engagé dans cette voie. J'y trouve la preuve qu'une antinomie remarquable

151

subsiste dans la pensée de certains hommes, à qui la qualification de révolutionnaires ne peut, sans doute, pourtant pas être refusée. Un écrivain, un intellectuel en régime collectiviste pourrait donc à son gré se soustraire aux obligations communes jusqu'au jour où le mécontentement de lui-même viendrait le remettre au pas? C'est bien peu compter, en moyenne, avec la vanité, avec la paresse. Il me paraît y avoir encore là une conception bien aventureuse, bien inutilement dangereuse, de la vie. Voici donc à nouveau que ce sont les passions et l'absence de passions seules qui gouvernent. Celui qui veut ici nous faire croire qu'il s'amende ne parvient à restaurer dans sa toute-puissance, et indépendamment de son objet, que le *désir* dans l'essence duquel il est de passer d'un objet à un autre en ne valorisant sans cesse, de ces objets, que le dernier. L'étrange, la plus rassurante ligne brisée que celle qui va, de lassitude en lassitude, des cafés poétiques à l'usine en passant par ce que Selvinsky, maintenant, nomme avec mépris « les petites pantoufles des femmes charmantes » ! La vérité est que l'activité d'interprétation tient ici à l'activité de transformation par un nœud extrêmement lâche — le brillant prestidigitateur se présente pieds et poings liés; le temps de placer et de déplacer le paravent (le paravent, c'est ce qu'on ne sait pas de l'individu), par son seul pouvoir, toutes les bougies s'allument, vacarme, il réapparaît enchaîné. Aucun cachet n'a, naturellement, été brisé. Dans son enthousiasme, le public enfantin est prêt à signer toutes les attestations voulues.

Le jugement interprétatif porté par Selvinsky, tout comme par Majakowsky ou Essénine, ce jugement que chacun d'eux rapporte étroitement à lui-même, à son aventure personnelle, se révèle, à l'examen, des plus insuffisants et des plus médiocres. Il est inadmissible que dans la société nouvelle la vie privée, avec ses chances et ses déceptions, demeure la grande distributrice comme aussi la grande privatrice des énergies. Le seul moyen de l'éviter est de préparer à l'existence subjective une revanche éclatante sur le terrain de la connaissance, de la conscience sans faiblesse et sans honte. Toute erreur dans l'interprétation de l'homme entraîne une erreur dans l'interprétation de l'univers : elle est, par suite, un obstacle à sa transformation. Or, il faut le dire, c'est tout un monde de préjugés inavouables qui gravite auprès de l'autre, de celui qui n'est justiciable que du fer rouge, dès qu'on observe à un fort grossissement une minute de souffrance. Il est fait des bulles troubles, déformantes qui se lèvent à toute heure du fond marécageux, de l'*inconscient* de l'individu. La transformation sociale ne sera vraiment effective et complète que le jour où l'on en aura fini avec ces germes corrupteurs. On n'en finira avec eux qu'en acceptant, pour pouvoir l'intégrer à celle de l'être collectif, de réhabiliter l'étude du moi.

*

Bonaparte me trouble quand, venant de faire briser à coups de canon les portes de Pavie et fusiller les éléments rebelles, il se mêle de poser — c'est Hegel qui le rapporte — à la classe d'idéologie de l'Université qu'il visite l'« embarrassante » question de la différence entre la veille et le sommeil. Il me faut donc admettre que même pour cet homme, apte comme nul autre à faire surgir le fait concret, une telle distinction ne s'établit pas sans plus ou moins grand débat intérieur. En ce prairial de l'an IV, à l'heure où il vient de porter le coup de grâce à la Révolution sur le point de renaître de ses cendres (la dissolution de la Société du Panthéon est de ventôse) et où il paraît tenir en main le sort de l'Europe, il est assez édifiant de voir le vainqueur, le conquérant que tout dissuade de douter de son étoile, demander qu'on tranche pour lui de ce qui marque, de ce qui compte, de ce qui vaut entre les épisodes sanglants que déroule à ses pieds l'histoire et ceux qui se trament, à son insu ou non, dans le brouillard immatériel qui monte de son lit de camp. Quelque chose passe objectivement et critiquement de ce doute à la lecture, aussi, d'une partie de sa correspondance de cette époque, les lettres à Joséphine, où des victoires fameuses, subordonnées en importance et, pourrait-on croire, en réalité aux mouvements d'inquiétude amoureuse d'un homme de qui l'on a pourtant dit qu'il préférait « l'amour tout fait » à « l'amour à faire », ne font de sa main l'objet que d'une mention d'une ligne, en post-scriptum. En cela nulle modestie bien sûr, nul parti pris de bonne éducation. C'est plaisir à voir un tourment plus fort que celui qui porte à dominer les hommes, à décider du sort des pays, à changer les institutions, tracer son sillon dans le cœur de Bonaparte à la nuit tombante, lui dérobant tout à coup le paysage guerrier, investissant de la seule autorité suffisante pour les pouvoir faire considérer comme réels... quoi? moins que rien, les faits et gestes d'une femme légère mais désirée, insupportable mais absente. Le héros est ici touché en son point de transparence, de vanité totales : à travers lui des images de fête lointaine toute quelconque, d'une intensité singulière, se détachent de la toile de fond promise à la contemplation future et qui y a droit en effet du point de vue de l'incomparable, en dépit de sa lumière sinistre.

La valeur particulière que j'accorde à cet exemple provient du fait qu'ici l'événement qui est « nié » est de ceux dont le caractère positif s'impose universellement avec le plus grand éclat, de ceux dont le retentissement même dans le temps souligne avec force ce caractère positif. Faut-il donc que la partie jouée ne soit sujette à sombrer, à s'abîmer dans son contraire que pour le joueur? Il le faut sans doute pour que le joueur parvienne à sauvegarder en lui l'idée du temps, du temps où naît et disparaît tout, idée dont la destruction serait de nature à lui faire perdre le sens de son destin et de sa nécessité propres, à l'immobiliser dans une sorte d'extase. Cette faculté tout intuitive de détermination immédiate du négatif (tendance à l'évasion dans le rêve, dans l'amour) veille à ce qu'une série particulièrement colorée et excitante de faits vécus soit maintenue dans son cadre d'enchaînement *naturel*. (Un événement surnaturel, s'il pouvait se produire, priverait l'esprit de sa principale ressource en le mettant hors d'état de réaliser dialectiquement son contraire. Un tel fait, conformément à la croyance populaire, ne saurait être conçu que comme foudroyant pour tout individu qui en serait témoin. Il n'en subsisterait nécessairement aucune relation.)

Ce refus, ce détachement, cette exclusion en quoi se préfigure déjà pour Bonaparte l'exil à venir rendent admirablement compte, aussi, de l'accomplissement nécessaire, à travers lui, de la suite de médiations qui caractérise la démarche propre de l'esprit. Il convient, me semble-t-il, d'y insister dans ce cas précis, ne serait-ce que pour faire échec à la conception idolâtre selon laquelle un être exceptionnellement dur et armé pourrait vivre sans rien céder à tout ce qui n'est pas sa vocation unique et, comme d'une seule respiration, se porter et se tenir à son point de puissance le plus haut. Tel grand capitaine réalise-t-il pleinement ses victoires, tel grand poète, la question a été posée pour Rimbaud, peut-il passer pour avoir eu l'intelligence complète de ses visions ? C'est invraisemblable. La nature même de l'« un », qu'il soit promu génie, simple ou fou, s'y oppose toute. Il faut que l'un se sépare de lui-même, se repousse, se condamne lui-même, qu'il s'abolisse au profit des autres pour se reconstituer dans leur unité avec lui. Ainsi l'exige dans sa complexité le système de roues dentées intérieures qui commande le mouvement, le jeu de soleils séquents dont l'un, sans éveiller tous les autres, ne livre pas une parcelle de sa lumière. L'animation immense s'obtient au prix de cette répulsion engendrante d'attraction, que l'acte qui les détermine soit le plus infime ou le plus opérant. Or, nous touchons ici, il faut le reconnaître, au point faible de la plupart des idéologies modernes pour lesquelles c'est devenu obscurité et défi plus grands que jamais de soutenir que ce qui s'oppose est d'accord avec soi, selon l'expression d'Héraclite qui précise : « Harmonie de tensions opposées, comme [celle] de l'arc et [celle] de la lyre. » Rien n'a été, durant ces vingt à vingt-cinq derniers siècles, plus contesté. De nos jours l'opinion, qui est, pour la plus grande partie du monde, ce que la font les journaux à la solde de la bourgeoisie, se rebrousse presque tout entière contre cette idée que la machine universelle obéit indifféremment aux impulsions les plus variées, qu'il n'y a pas à tenir les unes pour électives, les autres pour non électives, et, tout spécialement, pour reprendre la pensée du vieil Éphésien, que « les hommes dans leur sommeil travaillent et collaborent aux événements de l'univers ». Il n'est pas jusqu'à l'opinion travaillée, par contre, par la perspective de la construc-

157

tion socialiste qui ne réagisse, d'une manière déplorablement parallèle, en fin de compte aussi conformiste, contre tout ce qui n'est pas l'application stricte en un seul point, celui de la production des richesses, de l'effort humain à fournir. Le problème de la connaissance se trouve ainsi perdu de vue, le temps réapparaît sous sa forme la plus tyrannique, — remettre au lendemain ce qu'on n'a pas pu faire le jour même, la recherche de l'efficacité concrète, continue, immédiate. Une servilité sans limites. Les rues charrient pêle-mêle les occupations complémentaires, rivales. L'émulation la plus niaise s'empare des uns et des autres, ici, là-bas, pour la possession, pour la gloriole. Des hôtels particuliers, des tableaux d'honneur. Je vois les beautés naturelles, tenues brusquement en suspicion, déchues, errant en quête d'une affectation nouvelle, opposant du reste une résistance farouche à se laisser attribuer une fin autre que la leur. Ce temps où je vis, ce temps malheureusement s'écoule et m'entraîne. L'impatience folle, comme accidentelle, dans laquelle il se comprend, ne m'épargne pas. Il y a aujourd'hui peu de place, c'est vrai, pour qui voudrait, très hautainement, dans l'herbe, tracer la savante arabesque des soleils dont je parlais. On a beau savoir que les commandes de l'appareil essentiel sont innombrables, et qu'il répond toujours, et que la réponse qu'il donne est la même à l'infini, de sorte que toute sollicitation particulière est arbitraire, il est bien entendu que chaque moment, confondu qu'il est en tous les autres, demeure pourtant en lui-même différencié. Le moment présent m'est donc donné avec toutes les caractéristiques qui le placent sous la menace de tel nuage plus proche que les autres, en l'espèce de celui qui, en crevant, doit délivrer le monde d'un régime économique dans lequel des contradictions insurmontables, mortelles, sont apparues et se sont multipliées. Il importe que ce nuage dessine son ombre sur la page que j'écris, que ce tribut soit payé à la pluralité dans laquelle, pour oser écrire, il faut à la fois que je me perde et que je me retrouve. Au-delà, mais seulement au-delà, il m'est peut-être permis de faire valoir le sentiment particulier qui m'anime, il m'appartient peut-être de demander à peu près seul que les préoccupations les plus spécifiquement actuelles, le souci des interventions les plus urgentes, ne détournent pas l'homme de la tâche de comprendre, de connaître et pour cela le laissent en mesure d'incorporer le fait historique acquis ou prochainement à acquérir, par exemple la Révolution sociale, au devenir le plus général de l'être humain, — après cette Révolution comme avant, ne l'oublions pas, éternellement se faisant et éternellement inachevé. Il faut à tout prix, je le répète, éviter de laisser absurdement barrer ou rendre impraticables les plus belles routes de la connaissance, sous prétexte qu'il ne saurait provisoirement s'agir d'autre chose que de hâter l'heure de la Révolution. Autant j'admets que, la Révolution accomplie, l'esprit humain, porté à un niveau supérieur, sera appelé à partir pour la première fois de lui-même sur une voie sans obstacle, autant je nie qu'il y parvienne si, dans les sens les plus divers, il ne s'est pas gardé de faire bon marché de tout ce que l'expérience antérieure lui avait fourni. Ce n'est pas un des moindres griefs qu'on puisse faire à cette époque que d'avoir à constater qu'une proposition aussi élémentairement logique ne rencontre pas un consentement plus général, mais le fait est qu'elle ne le rencontre pas. Chaque jour nous apporte même, à cet égard, une négation plus ébahissante et plus stérile de la part de ceux qui se sont donné à charge la transformation rationnelle du monde et l'ont effectivement, en partie, transformé. Il est absolument insuffisant, selon moi, de préconiser l'usage d'une manette à l'exclusion de toutes les autres — la puissance de travail par exemple — et l'on s'expose à détériorer ainsi la machine. C'est pourtant à l'observance stricte de cette règle que s'efforcent de nous réduire des hommes que l'enseignement de Marx et de Lénine pourrait, semble-t-il, douer dans ce domaine d'une plus grande circonspection. L'escamotage passablement malhonnête de ce qu'il peut y avoir de plus précieux, du seul point de vue matérialiste, dans des découvertes comme celles de Freud, le refus pratique de discussion de toute espèce de thèse un peu insolite, le piétinement sensible qui en résulte concurremment avec la tendance à donner pour infaillible la pensée de quelques hommes en ce qu'elle peut présenter, comme toute pensée, à la fois de certain et d'aventureux, justifient à mes yeux l'adoption d'une position extérieure aux positions communes, difficile à tenir certes, mais de laquelle il est du moins possible de ne pas aliéner tout esprit critique au bénéfice de quelque foi aveugle que ce soit. Qui sait s'il ne convient point qu'aux époques les plus tourmentées se creuse ainsi malgré eux la solitude de quelques êtres, dont le rôle est d'éviter que périsse ce qui ne doit subsister passagèrement que dans un coin de serre, pour trouver beaucoup plus tard sa place au centre du nouvel ordre, marquant ainsi d'une fleur absolument et simplement présente, parce que *vraie,* d'une fleur en quelque sorte *axiale par rapport au temps*, que demain doit se conjuguer d'autant plus étroitement avec hier qu'il doit rompre d'une manière plus décisive avec lui ?

*

Dans le vacarme des murailles qui s'effondrent, parmi les chants d'allégresse qui montent des villes déjà reconstruites, au sommet du torrent qui clame le retour perpétuel des formes prises sans cesse par le changement, sur l'aile battante des affections, des passions alternativement soulevant et laissant retomber les êtres et les choses, au-dessus des feux de paille dans lesquels se crispent les civilisations, par-delà la confusion des langues et des mœurs, je vois l'homme, ce qui de lui demeure à jamais immobile au centre du tourbillon. Soustrait aux contingences de temps et de lieu, il apparaît vraiment comme le pivot de ce tourbillon même, comme le médiateur par excellence. Et comment me le concilierais-je si je ne le restituais essentiellement à cette faculté fondamentale qui est de dormir, c'est-à-dire de se retremper, chaque fois qu'il est nécessaire, au sein même de cette nuit surabondamment peuplée dans laquelle tous, êtres comme objets, sont lui-même, participent obligatoirement de son être éternel, tombant avec la pierre, volant avec l'oiseau? Je vois au centre de la place publique cet homme immobile en qui, loin de s'annihiler, se combinent et merveilleusement se limitent les volontés adverses de toutes choses pour la seule gloire de la vie, de cet homme qui n'est, je le répète, aucun et qui est tous. Tout théoriquement arraché que je le veux à la mêlée sociale, distrait de la morsure d'une ambition irréfrénable et toujours indigne, je m'assure que le monde entier se recompose, dans son principe essentiel, à partir de lui. Qu'il se livre donc et que pour commencer il défasse, il le faut, l'autre homme, celui à qui toute intériorisation est interdite, le passant pressé dans le brouillard! Ce brouillard est. Contrairement à l'idée courante il est fait de l'épaisseur des choses immédiatement sensibles quand j'ouvre les yeux. Ces choses que j'aime, comment ne les haïrais-je pas aussi de me cacher dérisoirement toutes les autres? Il m'a paru et il me paraît encore, c'est même tout ce dont ce livre fait foi, qu'en examinant de près le contenu de l'activité la plus irréfléchie de l'esprit, si l'on passe outre à l'extraordinaire et peu rassurant bouillonnement qui se produit à la surface, il est possible de mettre à jour un *tissu capillaire* dans l'ignorance duquel on s'ingénierait en vain à vouloir se figurer la circulation mentale. Le rôle de ce tissu est, on l'a vu, d'assurer l'échange constant qui doit se produire dans la pensée entre le monde extérieur et le monde intérieur, échange qui nécessite l'interpénétration continue de l'activité de veille et de l'activité de sommeil. Toute mon ambition a été de donner ici un aperçu de sa structure. Quels que soient la prétention commune à la conscience intégrale et les menus délires de rigueur, on ne peut nier que ce tissu couvre une assez vaste région. C'est là que se consomme pour l'homme l'échange permanent de ses besoins satisfaits et insatisfaits, là que s'exalte la soif spirituelle que, de la naissance à la mort, il est indispensable qu'il calme et qu'il ne guérisse pas. Je ne me lasserai pas d'opposer à l'impérieuse nécessité actuelle, qui est de changer les bases sociales par trop chancelantes et vermoulues du vieux monde, cette autre nécessité non moins impérieuse qui est de ne pas voir dans la Révolution à venir une fin, qui de toute évidence serait en même temps celle de l'histoire. La *fin* ne saurait être pour moi que la connaissance de la destination éternelle de l'homme, de l'homme en général, que la Révolution seule pourra rendre pleinement à cette destination. Toute autre manière d'en juger, de quelque prétendu souci des réalités politiques qu'elle se targue, me semble fausse, paralysante et, du strict point de vue révolutionnaire, défaitiste. Il est trop simple, selon moi, de vouloir réduire le besoin d'adéquation de l'homme à la vie à un réflexe pénible qui aurait chance de céder à la suppression des classes. Ce besoin est pour cela beaucoup trop insituable dans le temps et c'est même, je ne crains pas de le dire, parce que je veux le voir s'imposer sans entrave à l'homme que je suis révolutionnaire. J'estime, en effet, qu'il ne s'imposera sans entrave à l'homme que lorsqu'il pourra s'imposer à *tout* homme, que lorsque la précarité tout artificielle de la condition sociale de celui-ci ne lui voilera plus la précarité réelle de sa condition humaine. Je prétends qu'il n'y a en cela, de ma part, nul pessimisme mais que, bien au contraire, il est d'une vue déplorablement courte et timide d'admettre que le monde peut être changé une fois pour toutes et de s'interdire au-delà, comme si elle devait être profanatoire, toute incursion sur les terres immenses qui resteront à explorer.

Le mal sacré, la maladie incurable réside et résidera encore dans le sentiment. Le nier ne sert rigoureusement de rien ; mieux vaut à tous égards en passer par ses accès brisants et tenter, de l'intérieur de la cloche à plongeur aux parois vibrantes qui sert à pénétrer dans sa sphère, d'organiser un tant soit peu le brillant désaccord auquel il se plaît. Ce n'est pas en vain que l'individu, par son intermédiaire, entrant en rapport avec le contenu de lui-même, éprouve d'une manière plus ou moins panique, qui le réchauffe ou le glace, que ce contenu se distingue de la connaissance objective extérieure. Tout doit continuer d'être entrepris pour essayer d'y voir plus clair et pour dégager, de la certitude irrationnelle qui l'accompagne, ce qui peut être tenu pour vrai et pour faux. Non seulement pour cela convient-il de ne laisser à l'abandon aucun des modes éprouvés de connaissance intuitive, mais encore de travailler à en découvrir de nouveaux. Encore une fois, rien ne serait, à cet égard, plus nécessaire que de faire porter un examen approfondi sur le processus de formation des images dans le rêve, en s'aidant de ce qu'on peut savoir, par ailleurs, de l'élaboration poétique. D'où vient que de telles images ont été retenues de préférence à telles autres, entre toutes les autres? Le fait que certaines d'entre elles semblent avec évidence avoir tiré leur origine de la répétition fortuite, durant la veille, de certaines représentations très précises donne à penser qu'il n'est rien là de si difficile, de si déroutant. Avec quelque ingéniosité il n'est pas impossible qu'on parvienne à provoquer certains rêves chez un autre être, pour peu qu'à son insu l'on s'applique à le faire tomber dans un système assez remarquable de coïncidences. Il ne serait nullement utopique de prétendre, par là, agir à distance, gravement, sur sa vie. Le fait réel, qui est une résultante, gagnerait en solidité à ce que l'une de ses principales composantes fût ainsi, dans la plus large mesure, déterminée *a priori* et *donnée*. Je souhaiterais que cette proposition eût assez l'agrément de quelques esprits pour les faire passer à son application pratique. Rien ne me paraît de nature à mieux illuminer la sphère du sentiment, à laquelle le rêve appartient en propre, ce qui le désigne électivement comme terrain d'expérience dès qu'il s'agit, comme il continuera toujours à s'agir, de sonder la nature individuelle entière dans le sens *total* qu'elle peut avoir de son passé, de son présent et de son avenir.

Puisque l'activité pratique de veille entraîne chez l'homme un affaiblissement constant de la substance vitale qui ne trouve à se compenser partiellement que dans le sommeil, l'activité de réparation qui est la fonction de celui-ci ne mériterait-elle pas mieux que cette disgrâce faisant de presque tout homme un dormeur *honteux*? Quelle paresse, quel goût tout animal de l'existence pour l'existence se manifestent en fin de compte dans l'attitude qui consiste à ne pas vouloir prendre conscience de ce fait que toute chose qui objectivement *est*, est comprise dans un cercle allant toujours s'élargissant de possibilités! Comment se croire à même de voir, d'entendre, de toucher si l'on refuse de tenir compte de ces possibilités innombrables, qui, pour la plupart des hommes, cessent de s'offrir dès le premier roulement de voiture du laitier! L'essence générale de la subjectivité, cet immense terrain et le plus riche de tous est laissé en friche. Il faut aller voir de bon matin, du haut de la colline du Sacré-Cœur, à Paris, la ville se dégager lentement de ses voiles splendides, avant d'étendre les bras. Toute une foule enfin dispersée, glacée, déprise et sans fièvre entame comme un navire la grande nuit qui sait ne faire qu'un de l'ordure et de la merveille. Les trophées orgueilleux, que le soleil s'apprête à couronner d'oiseaux ou d'ondes, se relèvent mal de la poussière des capitales enfouies. Vers la périphérie les usines, premières à tressaillir, s'illuminent de la conscience de jour en jour grandissante des travailleurs. Tous dorment, à l'exception des derniers scorpions à face humaine qui commencent à cuire, à bouillir dans leur or. La beauté féminine se fond une fois de plus dans le creuset de toutes les pierres rares. Elle n'est jamais plus émouvante, plus enthousiasmante, plus folle, qu'à cet instant où il est possible de la concevoir unanimement détachée du désir de plaire à l'un ou à l'autre, aux uns ou aux autres. Beauté sans destination immédiate, sans destination connue d'elle-même, fleur inouïe faite de tous ces membres épars dans un lit qui peut prétendre aux dimensions de la terre! La beauté atteint à cette heure à son terme le plus élevé, elle se confond avec l'innocence, elle est le miroir parfait dans lequel tout ce qui a été, tout ce qui est appelé à être, se baigne adorablement en ce qui va être *cette fois.* La puissance absolue de la subjectivité universelle, qui est la royauté de la nuit, étouffe les impatientes déterminations au petit bonheur : le chardon non soufflé demeure sur sa construction fumeuse, parfaite. Va-t-il faire beau, pleuvra-t-il ? Un adoucissement extrême de ses angles fait tout le soin de la pièce occupée, belle comme si elle était vide. Les chevelures infiniment lentes sur les oreillers ne laissent rien à glaner des fils par lesquels la vie vécue tient à la vie à vivre. Le détail impétueux, vite dévorant, tourne dans sa cage à belette, brûlant de brouiller de sa course toute la forêt. Entre la sagesse et la folie, qui d'ordinaire réussissent si bien à se limiter l'une l'autre, c'est la trêve. Les intérêts puissants affligent à peine de leur ombre démesurément grêle le haut mur dégradé dans les anfractuosités duquel s'inscrivent pour chacun les figures, toujours autres, de son plaisir et de sa souffrance. Comme dans un conte de fées cependant, il semble toujours qu'une femme idéale, levée avant l'heure et dans les boucles de qui sera descendue visiblement la dernière étoile, d'une maison obscure va sortir et somnambuliquement faire chanter les fontaines du jour. Paris, tes réserves monstrueuses de beauté, de jeunesse et de vigueur, — comme je voudrais savoir extraire de ta nuit de quelques heures ce qu'elle contient de plus que la nuit polaire ! Comme je voudrais qu'une méditation profonde sur les puissances inconscientes, éternelles que tu recèles soit au pouvoir de tout homme, pour qu'il se garde de reculer et de subir ! La résignation n'est pas écrite sur la pierre mouvante du sommeil. L'immense toile sombre qui chaque jour est filée porte en son centre les yeux médusants d'une victoire claire. Il est incompréhensible que l'homme retourne sans cesse à cette école sans y rien apprendre. Un jour viendra où il ne pourra cependant plus s'en remettre, pour juger de sa propre déterminabilité, au bon plaisir de l'organisme social qui assure aujourd'hui, par le malheur de presque tous, la jouissance de quelques-uns. Je pense qu'il n'est pas trop déraisonnable de lui prédire pour un jour prochain le gain de cette plus grande liberté. Encore ce jour-là, qu'on y songe, faudra-t-il qu'il en ait l'usage, et cet usage est précisément ce que je voudrais lui donner. Il nourrit dans son cœur une énigme et de temps à autre partage malgré lui l'inquiétante arrière-pensée de Lautréamont : « Ma subjectivité et le Créateur, c'est trop pour un cerveau. » Créateur à part, hors compte, la subjectivité demeure en effet le point noir. Son histoire, qui ne s'écrit pas, n'en persiste pas moins, en marge de l'autre, à proposer son révoltant imbroglio. Cette subjectivité, pour sa part la misère littéraire tour à tour la couvre et la découvre à plaisir, évitant autant que possible de la suivre dans ses retranchements et de la cerner. N'a-t-on pas vu ces derniers temps la *mode*, en lecture, se mettre à quelque chose d'aussi ridicule et d'aussi abject que les « vies romancées » ? On n'imagine que trop ce qui peut passer, dans des entreprises de cette envergure, de ce sur quoi l'accent humain devrait véritablement être porté, j'ai déjà nommé le sentiment et je précise qu'il s'agirait avant tout de comprendre comment tel individu est affecté par le cours des âges de la vie, d'une part, et par l'idée qu'il se fait, d'autre part, du rapport sexuel. Ce sont là, bien entendu, toutes recherches que la légèreté commune et l'hypocrisie sociale rendent pratiquement impossibles de façon suivie. Ainsi se perd la dernière chance que nous ayons de disposer, en matière de subjectivité, de documents vivants de quelque prix. Force m'est, dans ces conditions, de ne guère compter que sur les poètes — ils sont encore quelques-uns — pour combler peu à peu cette lacune [1]. C'est des poètes, malgré tout, dans la suite des siècles, qu'il est possible de recevoir et permis d'attendre les impulsions susceptibles de replacer l'homme au cœur de l'univers, de l'abstraire une seconde de son aventure dissolvante, de lui rappeler qu'il est pour toute douleur et toute joie extérieures à lui un lieu indéfiniment perfectible de résolution et d'écho.

Le poète à venir surmontera l'idée déprimante

[1]. Les poètes, mais, dit Freud, « ils sont, dans la connaissance de l'âme, nos maîtres à nous, hommes vulgaires, car ils s'abreuvent à des sources que nous n'avons pas encore rendues accessibles à la science. Que le poète ne s'est-il prononcé plus nettement encore en faveur, de la nature, pleine de sens, des rêves ! »

du divorce irréparable de l'action et du rêve. Il tendra le fruit magnifique de l'arbre aux racines enchevêtrées et saura persuader ceux qui le goûtent qu'il n'a rien d'amer. Porté par la vague de son temps, il assumera pour la première fois sans détresse la réception et la transmission des appels qui se pressent vers lui du fond des âges. Il maintiendra coûte que coûte en présence les deux termes du rapport humain par la destruction duquel les conquêtes les plus précieuses deviendraient instantanément lettre morte : la conscience objective des réalités et leur développement interne en ce que, par la vertu du sentiment individuel d'une part, universel d'autre part, il a jusqu'à nouvel ordre de magique. Ce rapport peut passer pour magique en ce sens qu'il consiste dans l'action inconsciente, immédiate, de l'interne sur l'externe et que se glisse aisément dans l'analyse sommaire d'une telle notion l'idée d'une médiation transcendante qui serait, du reste, plutôt celle d'un démon que d'un dieu. Le poète se dressera contre cette interprétation simpliste du phénomène en cause : au procès immémorialement intenté par la connaissance rationnelle à la connaissance intuitive, il lui appartiendra de produire la pièce capitale qui mettra fin au débat. L'opération poétique, dès lors, sera conduite au grand jour. On aura renoncé à chercher querelle à certains hommes, qui tendront à devenir tous les hommes, des manipulations longtemps suspectes pour les autres, longtemps équivoques pour eux-mêmes, auxquelles ils se livrent pour retenir l'éternité dans l'instant, pour fondre le général dans le particulier. Eux-mêmes ils ne crieront plus au miracle chaque fois que par le mélange, plus ou moins involontairement dosé, de ces deux substances incolores que sont l'existence soumise à la connexion objective des êtres et l'existence échappant concrètement à cette connexion, ils auront réussi à obtenir un précipité d'une belle couleur durable. Ils seront déjà dehors, mêlés aux autres en plein soleil et n'auront pas un regard plus complice et plus intime qu'eux pour la vérité lorsqu'elle viendra secouer sa chevelure ruisselante de lumière à leur fenêtre noire.

APPENDICE

TROIS LETTRES DE SIGMUND FREUD
À ANDRÉ BRETON

Vienne, 13 décembre 1932.

Cher Monsieur,

Soyez assuré que je lirai avec soin votre petit livre Les
Vases communicants, *dans lequel l'explication des
rêves joue un si grand rôle. Jusqu'ici je ne suis pas encore
allé bien loin dans cette lecture mais si je vous écris déjà
c'est qu'à la page 19[1] je suis tombé sur une de vos
« impertinences[2] » que je ne puis m'expliquer facilement.*

*Vous me reprochez de ne pas avoir mentionné, dans la
bibliographie, Volkelt, qui découvrit la symbolique du
rêve, bien que je me sois approprié ses idées. Voilà qui est
grave, qui va tout à fait à l'encontre de ma manière
habituelle!*

*En réalité ce n'est pas Volkelt qui a découvert la symbo-
lique du rêve, mais Scherner, dont le livre est paru en
1861 alors que celui de Volkelt date de 1878. Les deux
auteurs se trouvent plusieurs fois mentionnés aux pas-
sages correspondants de mon texte et ils figurent ensemble*

1. Ici p. 21.
2. Allusion à la dédicace accompagnant l'exemplaire des *Vases communicants* que je lui avais adressé.

à l'endroit où Volkelt est désigné comme partisan de Scherner. Les deux noms sont aussi contenus dans la bibliographie. Je puis donc vous demander une explication.

Pour votre justification je trouve en ce moment que le nom de Volkelt ne se trouve effectivement pas dans la bibliographie de la traduction française (Meyerson, 1926).

Votre très dévoué

FREUD.

*

14 décembre 1932.

Cher Monsieur,

Excusez-moi si je reviens encore une fois sur l'affaire Volkelt. Pour vous elle ne peut signifier grand-chose mais je suis très sensible à un tel reproche et quand il vient d'André Breton il m'est d'autant plus pénible.

Je vous ai écrit hier que le nom de Volkelt est mentionné dans la bibliographie de l'édition allemande de La Science des Rêves *mais qu'il est omis dans la traduction française, ce qui me justifie et dans une certaine mesure vous justifie également, bien que vous eussiez pu être plus prudent dans l'explication de cet état de choses. (Vous écrivez : « auteur sur qui la bibliographie... reste assez* significativement *muette ».) Il n'y aurait probablement dans ce cas qu'une négligence sans importance du traducteur Meyerson.*

Mais lui-même n'est pas coupable. J'ai encore regardé plus précisément et trouvé ce qui suit : ma Science des *l'Rêves* a eu de 1900 à 1930 huit éditions. La traduction française est faite d'après la septième allemande. Et voilà : le nom de Volkelt figure dans la bibliographie des première, deuxième et troisième éditions allemandes mais il manque effectivement dans toutes les éditions ultérieures, de sorte que le traducteur français n'a pu le trouver.

La quatrième édition allemande (1914) est la première qui porte sur la page de titre la mention : « Avec la contribution d'Otto Rank. » Rank s'est chargé, depuis lors, de la bibliographie dont je ne me suis plus du tout occupé. Il a dû probablement lui arriver que l'omission du nom de Volkelt (juste entre les pages 487 et 488) lui a échappé. En cela il est impossible de lui attribuer une intention particulière.

L'utilisation d'un tel accident doit être exclue, tout particulièrement du fait que Volkelt n'est pas du tout celui dont l'autorité entre en considération en matière de symbolique du rêve, mais bien sans aucun doute un autre qui s'appelle Scherner, comme je l'ai mentionné plusieurs fois dans mon livre.

> Avec ma considération distinguée.
>
> FREUD.

*

> 26 décembre 1932.

Cher Monsieur,
Je vous remercie vivement pour votre lettre si détaillée et aimable. Vous auriez pu me répondre plus brièvement : « Tant de bruit [1]*... » Mais vous avez eu amicalement*

---

1. En français dans le texte.

égard à ma susceptibilité particulière sur ce point, qui est sans doute une forme de réaction contre l'ambition démesurée de l'enfance, heureusement surmontée. Je ne saurais prendre en mauvaise part aucune de vos autres remarques critiques, bien que j'y puisse trouver plusieurs motifs de polémique. Ainsi, par exemple : je crois que si je n'ai pas poursuivi l'analyse de mes propres rêves aussi loin que celle des autres, la cause n'en est que rarement la timidité à l'égard du sexuel. Le fait est, bien plus souvent, qu'il m'eût fallu régulièrement découvrir le fond secret de toute la série de rêves, consistant dans mes rapports avec mon père qui venait de mourir. Je prétends que j'étais en droit de mettre une limite à l'inévitable exhibition (ainsi qu'à une tendance infantile surmontée!).

Et maintenant un aveu, que vous devez accueillir avec tolérance! Bien que je reçoive tant de témoignages de l'intérêt que vous et vos amis portez à mes recherches, moi-même je ne suis pas en état de me rendre clair ce qu'est et ce que veut le surréalisme. Peut-être ne suis-je en rien fait pour le comprendre, moi qui suis si éloigné de l'art.

Votre cordialement dévoué

FREUD.

*

Si, dans la première partie des Vases communi-cants, *je me suis cru autorisé à attribuer à Volkelt plutôt qu'à Scherner le principal mérite de la découverte de la symbolique sexuelle du rêve, c'est qu'il m'a semblé qu'au témoignage même de Freud*[1]*, Volkelt avait été historique-ment le premier à faire passer sur le plan scientifique l'activité imaginaire symbolique qui est ici en cause. La caractéristique sexuelle de cette activité avait bien, en effet, été pressentie il y a très longtemps par les poètes, Shakespeare entre autres, mais la considération de ces « à-côtés occasionnels de la connaissance intuitive », comme dit Rank, ne doit pas nous dérober ce qu'il a pu y avoir de génial dans l'idée de systématisation — émise avant Freud — qui devait donner naissance à la psycha-nalyse. « Embrouillamini mystique », « pompeux gali-matias », tels sont les termes que trouvent tour à tour Volkelt et Freud pour apprécier l'œuvre de Scherner. Je n'ai pas pensé, dans ces conditions, me singulariser en faisant porter la responsabilité de l'orientation, de l'impulsion véritablement scientifiques du problème sur Volkelt qui « s'est efforcé,* d'après Freud, *de mieux connaître »* dans sa nature l'imagination du rêve, « *de la situer ensuite exactement dans un système philoso-phique ».*

Il va sans dire que je n'ai jamais prêté à Freud le cal-cul qui consisterait à passer délibérément sous silence les travaux d'un homme dont il peut être intellectuellement le débiteur. Une accusation d'un tel ordre correspondrait

1. *La Science des Rêves.*

177

mal à la très haute idée que je me fais de lui. Constatant l'omission de l'ouvrage de Volkelt à la bibliographie établie tant à la fin de l'édition française que d'une édition allemande très antérieure, tout au plus me suis-je souvenu du principe qui veut que « dans tous les cas l'oubli (soit) motivé par un sentiment désagréable[1] ». A mon sens il ne pouvait s'agir là que d'un acte symptomatique et je dois dire que l'agitation manifestée à ce sujet par Freud (il m'écrit deux lettres à quelques heures d'intervalle, se disculpe vivement, rejette son tort apparent sur quelqu'un qui n'est plus de ses amis... pour finir par plaider en faveur de celui-ci l'oubli immotivé!) n'est pas pour me faire revenir sur mon impression. Le dernier paragraphe de la troisième lettre, dans lequel se manifeste, à douze jours de distance, le désir (très amusant) de rendre coup pour coup[2], me confirme encore dans l'idée que j'ai touché un point assez sensible. « L'ambition démesurée de l'enfance » est-elle chez Freud, en 1933, si « heureusement surmontée » ?

Le lecteur jugera si, d'autre part, il convient de passer outre aux réticences paradoxales de l'auto-analyse dans La Science des Rêves, et au contraste frappant qu'offre, au point de vue du contenu sexuel, l'interprétation des rêves de l'auteur et celle des autres rêves qu'il se fait conter. Il continue à me sembler qu'en pareil domaine la crainte de l'exhibitionnisme n'est pas une excuse suffisante et que la recherche pour elle-même de la vérité objective commande certains sacrifices. Le prétexte

1. *La Psychopathologie de la Vie quotidienne.*
2. « Derrière tout cela se tient le petit Sigismond qui se défend : « Je l'ai jeté par terre, parce qu'il m'a jeté par terre. » (Fr. Vittels : *Freud.*)

178

invoqué — le père de Freud était mort en 1896 — appa-
raîtra d'ailleurs, ici, d'autant plus précaire que les sept
éditions de son livre qui se sont succédé depuis 1900 ont
fourni à Freud toutes les occasions désirables de sortir de
sa réserve d'alors ou, tout au moins, de l'expliquer som-
mairement.

Qu'il soit bien entendu que, même si je les lui oppose,
ces diverses contradictions dont Freud est encore
aujourd'hui le siège n'infirment en rien le respect et
l'admiration que je lui porte mais bien plutôt témoignent,
à mes yeux, de sa merveilleuse sensibilité toujours en éveil
et m'apportent le gage très précieux de sa vie.

1933.

A. B.

ŒUVRES D'ANDRÉ BRETON

Aux Éditions Gallimard

LES CHAMPS MAGNÉTIQUES (en collaboration avec Philippe Soupault), *suivi de* S'IL VOUS PLAÎT *et de* VOUS M'OUBLIEREZ.

LES PAS PERDUS.

INTRODUCTION AU DISCOURS SUR LE PEU DE RÉALITÉ.

NADJA.

LE SURRÉALISME ET LA PEINTURE.

LES VASES COMMUNICANTS.

POINT DU JOUR.

L'AMOUR FOU.

POÈMES.

ENTRETIENS.

CLAIR DE TERRE, *précédé de* MONT DE PIÉTÉ, *suivi de* LE REVOLVER À CHEVEUX BLANCS *et de* L'AIR DE L'EAU (coll. «Poésie»)

SIGNE ASCENDANT, *suivi de* FATA MORGANA, LES ÉTATS GÉNÉRAUX, DES ÉPINGLES TREMBLANTES, XÉNOPHILES, ODE À CHARLES FOURIER, CONSTELLATIONS, LE LA (coll. «Poésie»).

PERSPECTIVE CAVALIÈRE (texte établi par Marguerite Bonnet).

JE VOIS, J'IMAGINE.

Chez d'autres éditeurs

MONT DE PIÉTÉ — *Au Sans Pareil,* 1919.

LES CHAMPS MAGNÉTIQUES (en collaboration avec Philippe Soupault). — *Au Sans Pareil,* 1920.

CLAIR DE TERRE. — *Collection Littérature,* 1923.

MANIFESTE DU SURRÉALISME. — POISSON SOLUBLE. — *Kra,* 1924.

LÉGITIME DÉFENSE. — *Éditions surréalistes,* 1926.

MANIFESTE DU SURRÉALISME, nouvelle édition augmentée de la LETTRE AUX VOYANTES. — *Kra,* 1929.

RALENTIR TRAVAUX (en collaboration avec René Char et Paul Eluard). — *Éditions surréalistes,* 1930.

SECOND MANIFESTE DU SURRÉALISME. — *Kra,* 1930.

L'IMMACULÉE CONCEPTION (en collaboration avec Paul Eluard). — *Éditions surréalistes,* 1930.

L'UNION LIBRE. — Paris, 1931.

MISÈRE DE LA POÉSIE. — *Éditions surréalistes,* 1932.

LE REVOLVER À CHEVEUX BLANCS. — *Éditions des cahiers libres,* 1932.

QU'EST-CE QUE LE SURRÉALISME ? — *René Henriquez,* 1934.

L'AIR DE L'EAU. — *Éditions Cahiers d'Art,* 1934.

POSITION POLITIQUE DU SURRÉALISME. — *Éditions du Sagittaire,* 1935.

AU LAVOIR NOIR. — *G.L.M.,* 1936.

NOTES SUR LA POÉSIE (en collaboration avec Paul Eluard). — *G.L.M.,* 1936.

LE CHÂTEAU ÉTOILÉ. — *Éditions Albert Skira,* 1937.

TRAJECTOIRE DU RÊVE (documents recueillis par A.B.). — *G.L.M.,* 1938.

DICTIONNAIRE ABRÉGÉ DU SURRÉALISME (en collaboration avec Paul Eluard). — *Éditions Beaux-Arts*, 1938.

ANTHOLOGIE DE L'HUMOUR NOIR. — *Éditions du Sagittaire*, 1940.

FATA MORGANA. — *Les Lettres françaises, Sur*, 1942.

PLEINE MARGE. — *Éditions Karl Nierendorf*, 1943.

ARCANE 17. — New York, *Éditions Brentano's*, 1945.

SITUATION DU SURRÉALISME ENTRE LES DEUX GUERRES. — *Fontaine*, 1945.

YOUNG CHERRY TREES SECURED AGAINST HARES. — *Éditions View*, 1946.

LE SURRÉALISME ET LA PEINTURE, nouvelle édition augmentée. — *Brentano's*, 1946.

YVES TANGUY. — New York, *Éditions Pierre Matisse*, 1947.

LES MANIFESTES DU SURRÉALISME, suivis de PROLÉGOMÈNES À UN TROISIÈME MANIFESTE DU SURRÉALISME OU NON. — *Sagittaire*, 1946.

ARCANE 17, ENTÉ D'AJOURS. — *Sagittaire*, 1947.

ODE À CHARLES FOURIER. — *Fontaine*, 1947.

MARTINIQUE CHARMEUSE DE SERPENTS. — *Sagittaire*, 1948.

LA LAMPE DANS L'HORLOGE. — *Éditions Marin*, 1948.

AU REGARD DES DIVINITÉS. — *Éditions Messages*, 1949.

FLAGRANT DÉLIT. – *Éditions Thésée*, 1949.

ANTHOLOGIE DE L'HUMOUR NOIR, nouvelle édition augmentée. — *Sagittaire*, 1950.

LA CLÉ DES CHAMPS. — *Sagittaire*, 1953.

ADIEU NE PLAISE. — *Éditions P.A.B.*, 1954.

LES MANIFESTES DU SURRÉALISME. — *Sagittaire et Club français du livre*, 1955.

L'ART MAGIQUE (avec le concours de Gérard Legrand). — *Club français du livre*, 1957.

CONSTELLATIONS (sur 22 gouaches de Joan Miró). — *Éditions Pierre Matisse*, 1959.

POÉSIE ET AUTRE. — *Club du meilleur livre*, 1960.

LE LA. — *Éditions P.A.B.*, 1961.

ODE À CHARLES FOURIER, commentée par Jean Gaulmier. — *Librairie Klincksieck*, 1961.

MANIFESTES DU SURRÉALISME, édition définitive. — *J.-J. Pauvert*, 1962.

Bibliothèque de la Pleiade

ŒUVRES COMPLÈTES

I. Mont de piété — Alentours I — Inédits I — Les Champs magnétiques — S'il vous plaît — Vous m'oublierez — Clair de terre — Les Pas perdus — Manifeste du surréalisme — Poisson soluble — Alentours II — Inédits II — Nadja — Ralentir travaux — Alentours III — Second manifeste du surréalisme — L'Immaculée Conception.

II. Misère de la poésie — Le revolver à cheveux blancs — Les vases communicants — Violette Nozières — Qu'est-ce que le surréalisme ? — Point du jour — L'air de l'eau — Position politique du surréalisme — Alentours I — Inédits I — Au lavoir noir — L'amour fou — Dictionnaire abrégé du surréalisme — Anthologie de l'humour noir — Pleine marge — Fata Morgana — Alentours II — Inédits II.

III. Prolégomènes à un troisième manifeste du surréalisme ou non — Poèmes, 1943 — Les états généraux — Arcane 17 Enté d'Ajours — Alentours I — Inédits I — Ode à Charles Fourier — Martinique charmeuse de serpents — Poèmes — Entretiens 1913-1952 — La clé des champs — Alentours II — Inédits II.

Composition Euronumérique
et impression Bussière
à Saint-Amand (Cher), le 22 mai 2006.
Dépôt légal : mai 2006.
1ᵉʳ dépôt légal dans la collection : février 1996.
Numéro d'imprimeur : 062075/1.
ISBN 2-07-032920-8./Imprimé en France.